Inhalt

W0052266

Vorwort

Es war eine terra incognita: Bis ins Jahr 1990 waren Teile der Bahnhof- und der Genslerstraße sowie der Freienwalder und der Lichtenauer Straße im Ost-Berliner Stadtbezirk Hohenschönhausen in keinem Stadtplan der DDR verzeichnet. An Stelle der tatsächlichen Straßenverläufe war in den Karten nur eine leere Fläche zu sehen. Vor Ort traf der ahnungslose Passant auf geschlossene Blechtore, Wachtürme und bewaffnete Sicherheitskräfte.

Innerhalb der so bewachten Verbotszone befand sich ab 1945 ein geheimes Sperrgebiet, anfangs unter der Regie des sowjetischen Geheimdienstes, der es 1951 an die DDR-Staatssicherheit abtrat. Seine Etablierung und Ausweitung führte zur Liquidierung eines großen Teils des Hohenschönhausener Industriegebiets um die traditionsreiche Fleischmaschinenfabrik Richard Heike.

In der ersten Zeit war das Sperrgebiet nach dem »Militärstädtchen« in Berlin-Karlshorst die zweitgrößte derartige Einrichtung in der ehemaligen deutschen Reichsmetropole. In den sechs Jahren unter sowjetischer Verwaltung entwickelte es sich zu einer Zentrale des Terrors in der Sowjetischen Besatzungszone (SBZ) und der frühen DDR. Untergebracht waren dort gleich mehrere Hafteinrichtungen und Gefängnisverwaltungen:
– das sowjetische Speziallager Nr. 3;
– die Abteilung Speziallager des Volkskommissariats für innere Angelegenheiten (NKWD), später des Ministeriums für innere Angelegenheiten (MWD);
– das Hauptuntersuchungsgefängnis und die zentrale Untersuchungsabteilung des sowjetischen Ministeriums für Staatssicherheit (MGB) in Deutschland;

– ein Haft- bzw. Zwangsarbeitslager der Berliner Operativen Abteilung, die zunächst dem NKWD und anschließend dem MGB unterstand.

Die Realisierung des stalinistischen Entnazifizierungs- und Sicherheitskonzepts durch diese Einrichtungen brachte unsägliches Leid über die Betroffenen und ihre Angehörigen in Deutschland. Insgesamt durchliefen bis 1951 schätzungsweise 25 000 bis 26 000 Frauen und Männer die Haftanstalten des zweckentfremdeten Industriegebiets.

Unter der Regie des ostdeutschen Ministeriums für Staatssicherheit (MfS) diente das Sperrgebiet bis zum Ende der DDR ähnlichen Aufgaben: Das sowjetische Kellergefängnis fungierte jetzt als zentrale Untersuchungshaftanstalt des MfS, die durch einen Neubau erheblich erweitert wurde. Nebenan existierte ein Arbeitslager, das so genannte Lager X. Darüber hinaus residierten auf dem Gelände die wichtigsten für politische Verfolgung zuständigen Diensteinheiten: die Abteilung XIV (Untersuchungshaft und Strafvollzug) und die Hauptabteilung IX (strafrechtliche Untersuchungen). Von 1951 bis 1989 durchliefen noch einmal etwa 20 000 bis 22 000 Personen den Haftort Berlin-Hohenschönhausen.

In dem gut gesicherten Sperrgebiet siedelte die Staatssicherheit aber noch weitere Zweige ihrer Arbeit an: In dem »Dienstobjekt Freienwalder Straße«, wie das Hohenschönhausener Sperrgebiet intern bezeichnet wurde, arbeitete zum Beispiel die wichtige Abteilung XII (Auskunft/Erfassung/Statistik), die den Überblick über alle vom MfS bearbeiteten Personen hatte und den Zugriff auf den zuletzt 180 km langen Aktenbestand gewährleistete. Auch Technik- und Versorgungseinrichtungen wie die Verwaltung Rückwärtige Dienste (VRD) waren hier untergebracht. Darüber hinaus existierten große Gebäudekomplexe des Operativ-Technischen Sektors (OTS), der Überwachungstechnik herstellte, sowie der Abteilung Bewaffnung/Chemischer Dienst (BCD). Ohne die Unterstützung dieser Diensteinheiten wäre die systematische Unterdrückung politischer Kritik in der DDR nicht möglich gewesen.

Das Sperrgebiet in Hohenschönhausen war nach dem zentralen Gebäudekomplex in der Berliner Normannenstraße das größte Objekt der Staatssicherheit. An keinem anderen Ort der Bundesrepublik konzentrieren sich die baulichen Hinterlassenschaften kommunistischer Verfolgung in vergleichbarer Weise.

Die vorliegende Publikation informiert Interessierte und Besucher der Gedenkstätte Berlin-Hohenschönhausen erstmals ausführlich über das einstige Sperrgebiet des DDR-Staatssicherheitsdienstes. Sie enthält detaillierte Angaben zur Geschichte der verschiedenen Gebäude und vermittelt einen Überblick über die einzelnen Geheimdiensteinheiten in der Verbotszone. Zur Veranschaulichung ist dem Buch eine Karte des Sperrgebiets beigegeben (S. 6/7). Bei der Darstellung der einzelnen Gebäude wird auf diese mit der jeweiligen Nummer Bezug genommen. Die Karte ermöglicht es den Lesern zugleich, sich das Gebiet selbständig zu Fuß zu erschließen.

Die Darstellung berücksichtigt alle Gebäude und Anlagen, die 1989/90 noch existierten und heute auf öffentlichem Gelände zugänglich sind. Um Missverständnisse zu vermeiden, orientiert sie sich ausschließlich an den aktuellen bzw. ausgewiesenen Adressen und Hausnummern. Die – noch – großen Lücken bei der Erforschung des Sperrgebiets spiegeln sich in der unterschiedlichen Informationsdichte und Ausführlichkeit der einzelnen Objektbeschreibungen wider.

Die vorliegende historische Ortsbeschreibung ist das Ergebnis eines gemeinsamen

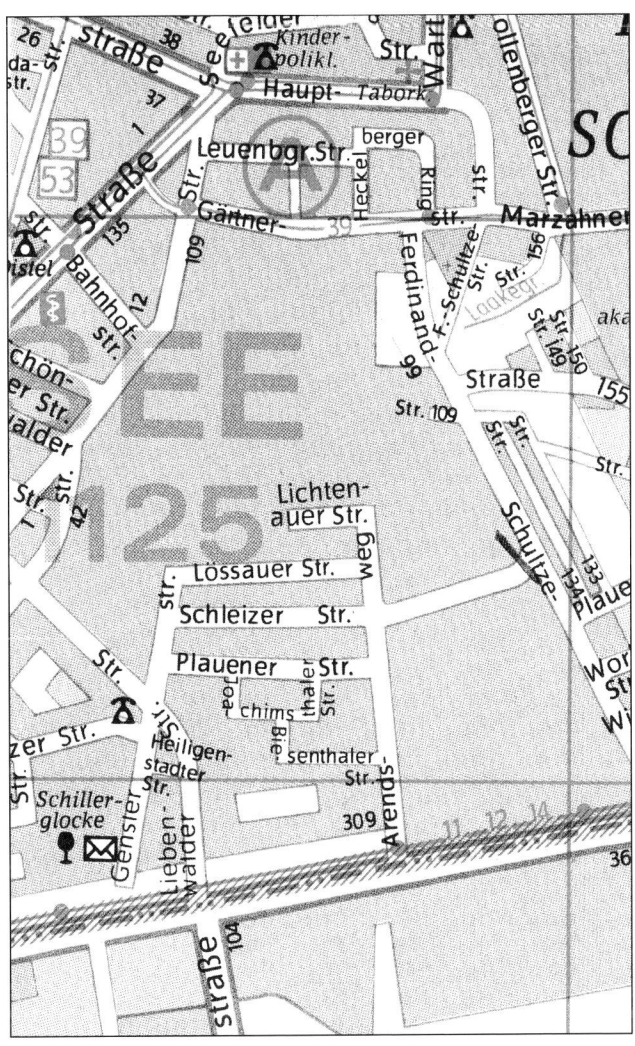

Projekts der Gedenkstätte Berlin-Hohenschönhausen und der Beschäftigungs-, Qualifizierungs- und Strukturentwicklungs-GmbH »Der Hain«. Den Einführungsbeitrag über Geschichte, Aufgaben und Strukturen des Ministeriums für Staatssicherheit hat Dr. Hubertus Knabe verfasst. Die anderen Teile stammen von Peter Erler und wurden von Hubertus Knabe redaktionell überarbeitet. Besonderer Dank gilt der Stiftung zur Aufarbeitung der SED-Diktatur und dem Arbeitsamt Berlin-Mitte, die das Forschungs- und Publikationsvorhaben durch finanzielle Zuwendungen ermöglicht haben.

Berlin-Stadtplan der DDR mit ausgespartem Sperrgebiet: Die Straßen brechen einfach ab (1984)

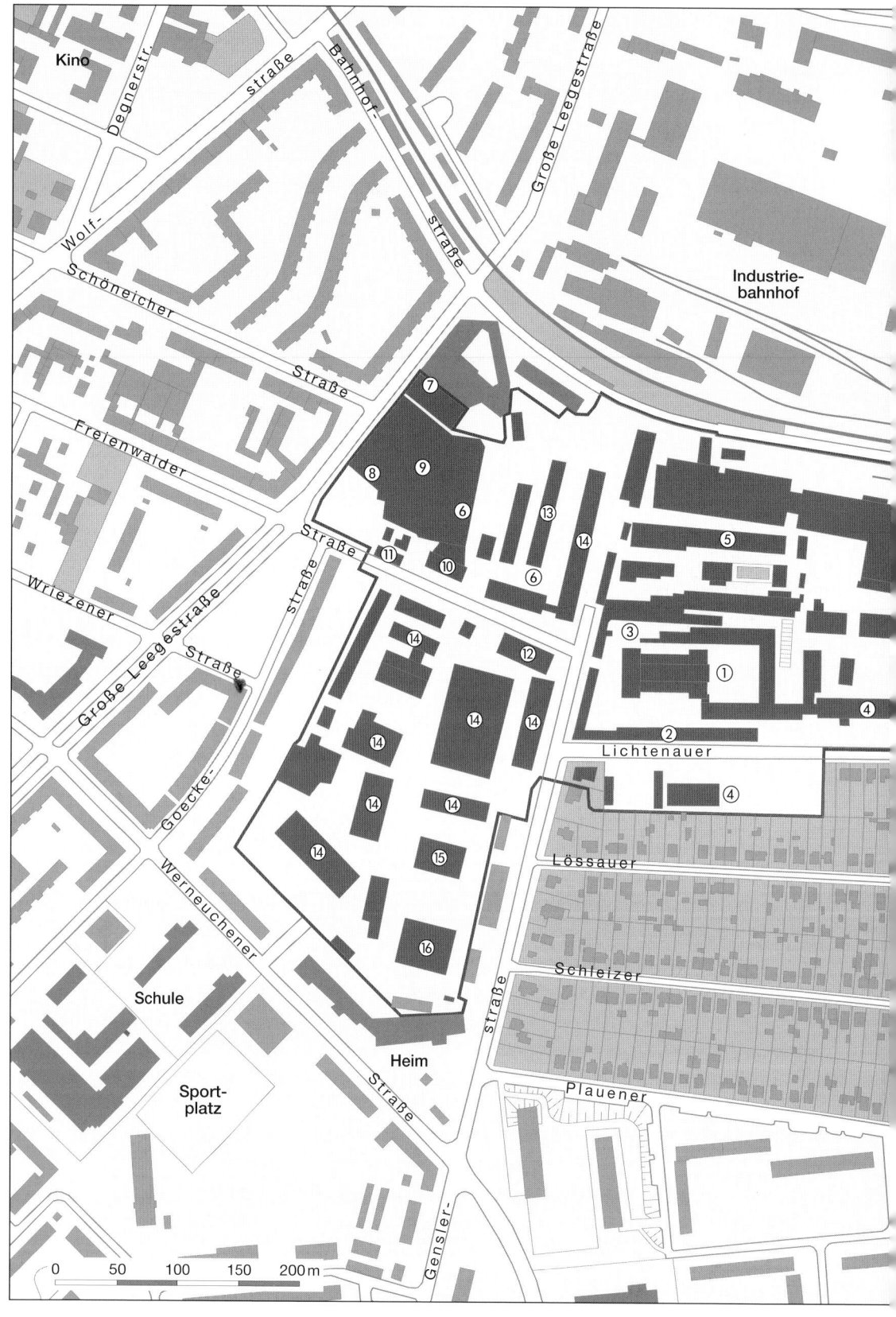

Kino

Degnerstr.

straße

Bahnhof-

straße

Große Leegestraße

Industrie-
bahnhof

Wolf-

Schöneicher

Straße

Freienwalder

Straße

Wriezener

Große Leegestraße

Straße

Straße

Straße

⑦

⑧ ⑨

⑥

⑬

⑭

⑤

⑪

⑩

⑥

③

①

④

⑭

⑫

②

Lichtenauer

④

Goecke-

⑭

⑭

⑭

⑮

Lössauer

Werneuchener

⑭

Schleizer

Schule

⑯

Straße

Heim

Plauener

Sport-
platz

Straße

Gensler-

0   50   100   150   200 m

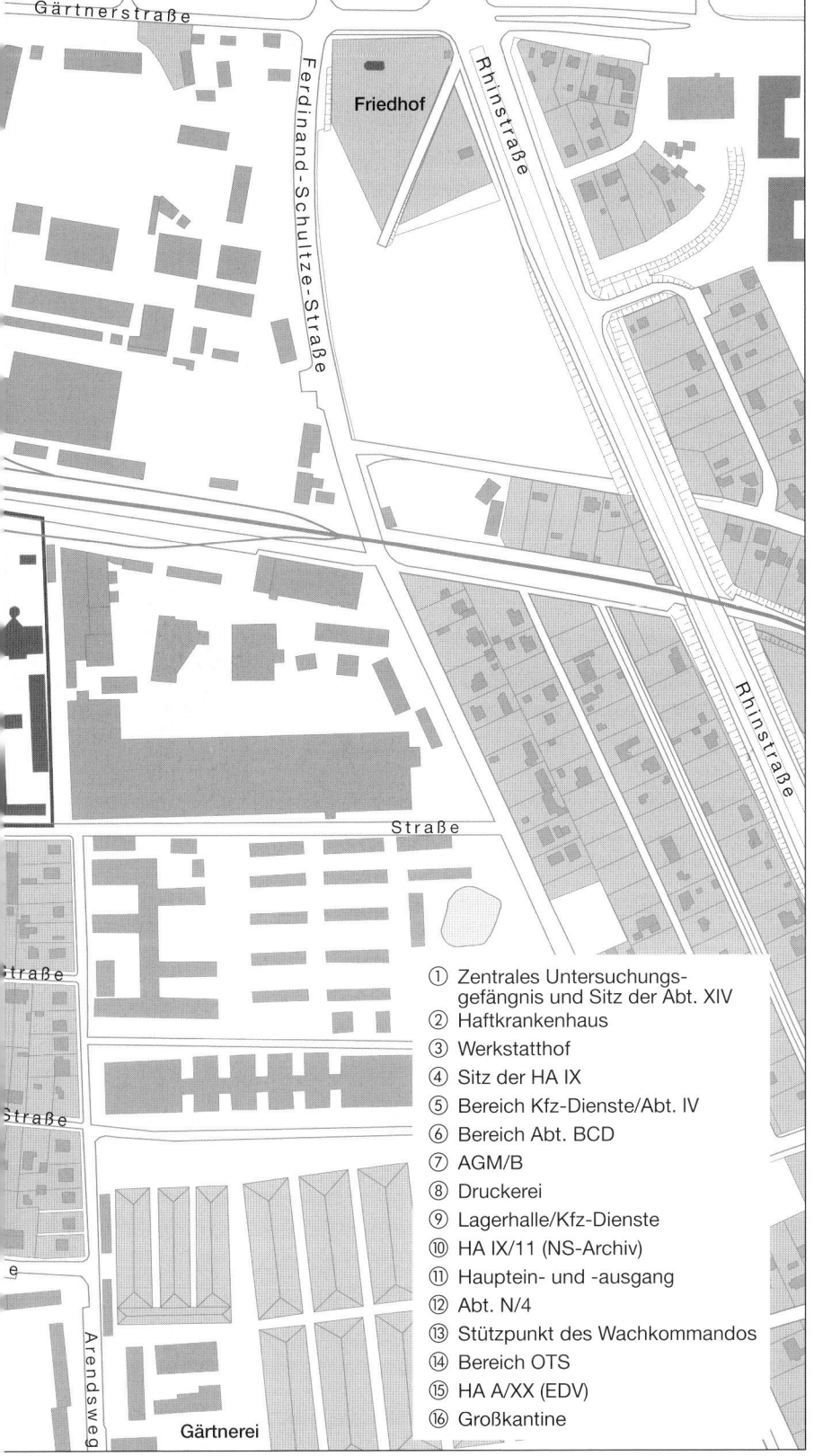

Gärtnerstraße

Ferdinand-Schultze-Straße

Friedhof

Rhinstraße

Rhinstraße

Straße

Arendsweg

Gärtnerei

① Zentrales Untersuchungsgefängnis und Sitz der Abt. XIV
② Haftkrankenhaus
③ Werkstatthof
④ Sitz der HA IX
⑤ Bereich Kfz-Dienste/Abt. IV
⑥ Bereich Abt. BCD
⑦ AGM/B
⑧ Druckerei
⑨ Lagerhalle/Kfz-Dienste
⑩ HA IX/11 (NS-Archiv)
⑪ Hauptein- und -ausgang
⑫ Abt. N/4
⑬ Stützpunkt des Wachkommandos
⑭ Bereich OTS
⑮ HA A/XX (EDV)
⑯ Großkantine

Das Ministerium für Staatssicherheit

Vorgeschichte und Gründung

Formal gesehen, begann die Geschichte des Staatssicherheitsdienstes am 8. Februar 1950. An diesem Tag verabschiedete das Parlament der gerade gegründeten Deutschen Demokratischen Republik (DDR) das Gesetz über die Bildung des Ministeriums für Staatssicherheit (MfS).

Gesetzblatt der Deutschen Demokratischen Republik (1950)

GESETZBLATT

der

Deutschen Demokratischen Republik

1950	Berlin, den 21. Februar 1950	Nr. 15

Tag	Inhalt	Seite
8. 2. 50	Gesetz über die Bildung eines Ministeriums für Staatssicherheit	95
8. 2. 50	Gesetz über die Teilnahme der Jugend am Aufbau der Deutschen Demokratischen Republik und die Förderung der Jugend in Schule und Beruf, bei Sport und Erholung	95
16. 2. 50	Verordnung über die Neuorganisation des statistischen Dienstes	99
16. 2. 50	Anordnung über die Bildung eines Wissenschaftlich-Technischen Rates zur Überprüfung von Investitionsvorhaben	101
3. 2. 50	Siebente Durchführungsbestimmung zur Anordnung über die Verteilung von industriellen und gewerblichen Waren	101

Gesetz über die Bildung eines Ministeriums
für Staatssicherheit.

Vom 8. Februar 1950

§ 1

Die bisher dem Ministerium des Innern unterstellte Hauptverwaltung zum Schutze der Volkswirtschaft wird zu einem selbständigen Ministerium für Staatssicherheit umgebildet. Das Gesetz vom 7. Oktober 1949 über die Provisorische Regierung der Deutschen Demokratischen Republik (GBl. S. 2) wird entsprechend geändert.

§ 2

Dieses Gesetz tritt mit seiner Verkündung in Kraft.
Berlin, den 8. Februar 1950

Das vorstehende, vom Präsidenten der Provisorischen Volkskammer unter dem 10. Februar 1950 ausgefertigte Gesetz wird hiermit verkündet.
Berlin, den 18. Februar 1950

Der Präsident
der Deutschen Demokratischen Republik
W. Pieck

Gesetz
über die Teilnahme der Jugend am Aufbau der Deutschen Demokratischen Republik
und die Förderung der Jugend in Schule und Beruf, bei Sport und Erholung.

Vom 8. Februar 1950

Eine gebildete, körperlich gesunde, kräftige, in ihren Auffassungen und ihrem Streben fortschrittliche Jugend sichert ein einheitliches, demokratisches und friedliebendes Deutschland. Die Verfassung der Deutschen Demokratischen Republik hat die grundsätzlichen Voraussetzungen für eine demokratische Erziehung und Entwicklung der deutschen Jugend geschaffen. Nach den in ihr verankerten Grundsätzen ist der Schutz der gesamten Jugend vor Ausbeutung vorgesehen; die geistige, berufliche und körperliche Entwicklung der Jugend und ihre Teilnahme am staatlichen und gesellschaftlichen Leben gewährleistet; die Erziehung der Jugend im Geiste des Friedens, der Freundschaft zwischen den Völkern, wahrer Demokratie und eines echten Humanismus als aktive und bewußte Bürger der neuen demokratischen Gesellschaft festgelegt.

Der deutsche Imperialismus hat die deutsche Jugend mißbraucht. Er hat im Interesse der deutschen Monopolherren und der Junker die gesamte Erziehung der Jugend der Vorbereitung und Führung von Raubkriegen untergeordnet.

Tatsächlich beginnt die Vorgeschichte der ostdeutschen Geheimpolizei jedoch erheblich früher. Ihre Ursprünge reichen bis ins Russland des Jahres 1917 zurück. Damals schufen sich die durch einen Putsch an die Macht gekommenen Bolschewisten einen eigenen Polizeiapparat, der gezielt gegen Andersdenkende vorging. Der so genannten Außerordentlichen Kommission zur Bekämpfung von Konterrevolution und Sabotage, kurz: Tscheka, fielen Tausende von Menschen zum Opfer. Die von Feliks E. Dzierzynski begründete Organisation war nicht nur Vorläufer, sondern auch Vorbild des Ministeriums für Staatssicherheit.

Unter dem sowjetischen Parteichef Josef Stalin wurde der Terror der Geheimpolizei zum wichtigsten Kennzeichen der kommunistischen Diktatur. Bald richtete er sich nicht nur gegen echte oder vermeintliche Gegner der Sowjetmacht, sondern auch gegen Millionen von Unbeteiligten und sogar gegen überzeugte Anhänger und Funktionäre. Allein während der »Großen Säuberung« in den Jahren 1937/38 wurden in der Sowjetunion 1,3 Millionen Menschen zum Tode oder zu langjähriger Lagerhaft verurteilt.

Nach dem Zweiten Weltkrieg hielt mit der Roten Armee in den Ländern Ost- und Mitteleuropas auch der Apparat der sowjetischen Geheimpolizei Einzug. Er war es, der ihren Umbau in kommunistische Diktaturen nach Moskauer Vorbild durchsetzte. In der sowjetischen Besatzungszone (SBZ) setzten die Volkskommissariate bzw. Ministerien für Inneres und für Staatssicherheit (NKWD/NKGB und MWD/MGB) so genannte operative Abteilungen und Gruppen ein, die in den ersten Nachkriegsjahren Zehntausende Verhaftungen vornahmen.

Sie beschlagnahmten nicht nur fast alle größeren Gefängnisse, sondern auch zahllose andere Gebäude, in deren Kellern die Festgenommenen brutal verhört wurden. Über 150 000 Deutsche kamen seinerzeit in eines der zehn »Speziallager« auf dem Gebiet der SBZ, zu denen auch die ehemaligen Konzentrationslager Buchenwald und Sachsenhausen zählten. Etwa ein Drittel der Lagerinsassen starb in der Haft. Mehrere Hunderttausend Zivilisten, vor allem aus den deutschen Ostgebieten, wurden zur Zwangsarbeit in die Sowjetunion deportiert. Von ihnen kam etwa die Hälfte ums Leben.

Unter Aufsicht der sowjetischen Besatzungsmacht bauten die Funktionäre der Kommunistischen Partei Deutschlands (KPD) in der SBZ bald auch einen eigenen Polizeiapparat auf. 1946 wurde die Deutsche Verwaltung des Innern (DVdI) gegründet; ihr Vizepräsident wurde der Polizistenmörder und Spanienkämpfer Erich Mielke, ein gelernter Speditionskaufmann. Für politische Delikte waren innerhalb der DVdI die so genannten Kommissariate (K) 5 zuständig, die nun selbst eine wachsende Zahl von Verhaftungen vornahmen. 1949 wurden sie aus der allgemeinen Kriminalpolizei herausgelöst und in »Hauptverwaltung zum Schutz der Volkswirtschaft« umbenannt – die Leitung übernahm Mielke. Im Februar 1950 entstand daraus das Ministerium für Staatssicherheit (MfS), an dessen Spitze der frühere Volksschullehrer und Altkommunist Wilhelm Zaisser (1893–1958) trat, während Mielke Staatssekretär wurde.

Aufgaben und Entwicklung

Wie in der Sowjetunion hatte der Staatssicherheitsdienst in der DDR zunächst vor allem die Funktion einer nach innen gerichteten Geheimpolizei. Da die Kommunisten, die 1946 die Sozialistische Einheitspartei Deutschlands (SED) gebildet hatten, nicht durch demokratische Wahlen an die Macht gekommen waren, sahen sie sich

von zahlreichen Feinden bedroht und bauten ihren Sicherheitsapparat entsprechend rasch aus. Mit über 12 000 Beschäftigten hatte sich der Personalbestand des MfS bis 1953 mehr als verzehnfacht. Er übertraf damit bereits den der Vorkriegs-Gestapo, die – für das gesamte Deutsche Reich – etwa 7000 Mitarbeiter beschäftigte. Allein zwischen 1950 und 1952 warb das MfS in der DDR rund 30 000 geheime Informanten an.

Die Arbeit des Staatssicherheitsdienstes richtete sich gegen alle Formen des politischen Widerstands. Christdemokraten, Liberaldemokraten und Sozialdemokraten wurden ebenso verfolgt wie kritische Studentengruppen oder abtrünnig gewordene Kommunisten. Darüber hinaus bekämpfte das MfS Einrichtungen wie die Kampfgruppe gegen Unmenschlichkeit (KgU), den Untersuchungsausschuss freiheitlicher Juristen (UfJ) oder die Ostbüros von CDU, SPD und FDP, die den Widerstand gegen die SED-Diktatur aus Sicherheitsgründen zunehmend vom Westen aus organisierten. 1952 verkündete Parteichef Walter Ulbricht dann den »Aufbau des Sozialismus« und eine »Verschärfung des Klassenkampfes«. Hunderte von Bauern und Kleinunternehmern wurden verhaftet, um an ihren Besitz zu gelangen. Auch Tausende von Arbeitern kamen wegen angeblicher Wirt-

Wappen des Ministeriums für Staatssicherheit »Schild und Schwert der Partei«

Sowjetische Panzer beim Volksaufstand am 17. Juni 1953 (Friedrichstraße in Ost-Berlin)

schaftsvergehen in Haft. Im Zuge der von Moskau forcierten Verfolgungen wurden selbst ranghohe Politiker wie DDR-Außenminister Georg Dertinger (CDU) oder das langjährige SED-Politbüromitglied Paul Merker verhaftet. Obwohl man die Zuchthäuser durch mehrere Massenentlassungen geleert hatte, saßen in der DDR 1953 rund 67 000 Menschen in Haft.

Trotz – oder auch wegen – dieser Repressalien kam es am 17. Juni 1953, drei Monate nach Stalins Tod, überraschend zu einer Volkserhebung in der DDR. Hunderttausende Menschen gingen auf die Straßen und besetzten Rathäuser, Parteizentralen und Gefängnisse. In mehreren Orten wurden auch die Kreisdienststellen des Staatssicherheitsdienstes gestürmt. Nur durch das Eingreifen der Roten Armee konnte der Aufstand niedergeschlagen werden; zugleich setzte eine neue Verfolgungswelle ein. Mindestens 13 000 Menschen wurden festgenommen und über 1600 zu oft mehrjährigen Haftstrafen verurteilt. Für den Ausbruch der Unruhen machte Ulbricht ausgerechnet Staatssicherheitsminister Zaisser – einen seiner innerparteilichen Widersacher – verantwortlich und trieb ihn im Juli 1953 aus allen Ämtern.

Neuer Chef des Staatssicherheitsdienstes wurde der Hochseematrose und kommunistische Sabotagespezialist Ernst Wollweber (1898–1967). Er bekleidete jedoch anfangs nur den Rang eines Staatssekretärs, weil die Geheimpolizei nach sowjetischem Vorbild vorübergehend ins Innenministerium eingegliedert wurde. Wollweber bekam von der SED als erstes den Auftrag, nach den westdeutschen »Hintermännern« zu suchen, die den Aufstand vom 17. Juni angeblich angezettelt hatten. Vor allem aus diesem Grund baute Wollweber die Westarbeit der Staatssicherheit aus. Der bis dahin unabhängige Spionagedienst unter dem Journalisten Markus Wolf wurde Teil der Geheimpolizei und blieb es bis zu deren Auflösung. Mehrere Hundert Regimegegner und Überläufer – darunter allein 120 geflüchtete MfS-Mitarbeiter – wurden nach und nach im Westen gekidnappt, in die DDR gebracht und hier zu langen Haftstrafen verurteilt. Zwar gab es nach dem XX. Parteitag in der Sowjetunion im Sommer 1956 ein kurzes Tauwetter in der DDR, doch zum Jahresende – nachdem sowjetische Truppen den Ungarn-Aufstand niedergeschlagen hatten – verschärfte sich der Kurs erneut. Eine Reihe prominenter Reformkommunisten, darunter der Philosoph Wolfgang Harich und der Verleger Walter Janka, wurde verhaftet und kam in das zentrale Stasi-Gefängnis Berlin-Hohenschönhausen. Ein Jahr später musste auch Wollweber gehen, weil er sich Ulbricht nicht bedingungslos genug untergeordnet hatte.

Im November 1957 trat Erich Mielke an die Spitze des Staatssicherheitsdienstes – der Mann, der die Stasi wie kein anderer prägte und nun wieder den Titel eines Ministers führte. Schon kurz nach seinem Machtantritt wurden die sowjetischen »Berater«, die die Geheimpolizei der DDR bis dahin mehr oder weniger gesteuert hatten, auf einige Verbindungsoffiziere reduziert. Zugleich begann die ungeheure Aufblähung des MfS-Apparates. Am Ende von Mielkes über dreißigjähriger Amtszeit hatte das MfS mit

Ernennungsurkunde für Erich Mielke, ausgestellt vom damaligen Ministerpräsidenten der DDR, Otto Grotewohl (1957)

REGIERUNG

DER DEUTSCHEN DEMOKRATISCHEN REPUBLIK

DER MINISTERPRÄSIDENT

Ministerium für Staatssicherheit
Genossen Erich M i e l k e

B e r l i n

Nachdem ich der Bitte des Ministers für Staatssicherheit, Genossen Ernst Wollweber, ihn aus Gesundheitsrücksichten von seiner Funktion zu entbinden, entsprochen habe, berufe ich Sie mit Wirkung vom 1. November 1957 zum

Minister
für Staatssicherheit.

Berlin, den 1. November 1957

Berliner Sektorenübergang Chausseestraße nach dem Mauerbau (Dezember 1961)

91 000 hauptamtlichen Mitarbeitern Armeestärke erreicht. Statistisch kam damit ein MfS-Mitarbeiter auf 180 DDR-Bürger, womit man nicht nur Polen (1:1574), sondern auch die Sowjetunion (1:595) weit hinter sich ließ – ganz zu schweigen von der alten Bundesrepublik, wo ein Geheimdienstmitarbeiter auf etwa 4000 Bürger kam. Zum MfS gehörten darüber hinaus rund 180 000 Inoffizielle Mitarbeiter (IM), die die DDR als geheime Informanten praktisch flächendeckend überwachten. Auch in dieser Beziehung stellte das MfS alles bisher Dagewesene in den Schatten. Fast jedes Jahr wuchs sein Etat um mehr als hundert Millionen Mark und belief sich 1989 schließlich auf über vier Milliarden. In diesen Zahlen drückt sich das tiefe Misstrauen der SED gegenüber der eigenen Bevölkerung aus, ein geradezu paranoides Sicherheitsdenken, das den Anspruch verfolgte, möglichst alle Gefahren für die SED-Herrschaft frühzeitig zu erkennen und bereits vorbeugend auszuschalten.

Bis zum Mauerbau 1961 kämpfte das MfS vor allem gegen die massenhafte Fluchtbewegung von Ost nach West. Da offener politischer Widerspruch nicht nur ausgesprochen riskant, sondern anscheinend auch zwecklos war, führte die Unzufriedenheit in der Bevölkerung zu einer Art Abstimmung mit den Füßen. Jedes Jahr verlor die DDR praktisch eine komplette Großstadt – bis zur Schließung der Sektorengrenzen in Berlin am 13. August 1961 insgesamt 2,7 Millionen Menschen. Obwohl der Staatssicherheitsdienst behauptete, die »feindlichen« Bestrebungen in der DDR seien ausnahmslos vom Westen inspiriert worden, kam es auch nach der Abriegelung der Berliner Sektorengrenzen zu keinem Rückbau des Apparates. Im Gegenteil: Die sechziger und siebziger Jahre waren die Phase seiner raschesten Expansion.

Neben der klassischen Unterdrückungsfunktion übernahm der Staatssicherheitsdienst in dieser Zeit eine Reihe neuer Arbeitsbereiche. So gehörte die Passkontrolle an den Grenzen nun ebenso zu seinen Aufgaben wie die Überwachung des allmählich wieder einsetzenden deutsch-deutschen Reiseverkehrs. Verstärkt agierte das MfS auch in den volkseigenen Betrieben, wo es sich mit so genannten Sicherheitsbeauftragten und zahlreichen IM verankerte. Zudem übernahm es den Schutz und die Versorgung der SED-Politbürosiedlung in Wandlitz. In diesem Zusammenhang spielte das von Alexander Schalck-Golodkowski – ein MfS-Offizier im besonderen Einsatz (OibE) – geleitete KoKo-Imperium eine wichtige Rolle, ein Netzwerk von Unternehmen, das durch illegale Geschäfte Millionen Devisen erwirtschaftete.

Auch außerhalb der DDR verstärkte das MfS seine Aktivitäten: Für Sabotageaktionen im Westen wurden ab Mitte der sechziger Jahre über 3500 so genannte Einzelkämpfer ausgebildet. Nach der völkerrechtlichen Anerkennung der DDR (1972) bekam das MfS dann den Auftrag, die neu akkreditierten westlichen Diplomaten und Journalisten zu überwachen. Wenig später wurde eine Abteilung zur »Terrorabwehr« gebildet, die auch Terroristen der Rote Armee Fraktion (RAF) ausbildete und ihnen Unterschlupf gewährte. Selbst in der Dritten Welt wurde das MfS aktiv, indem es z.B. in Cuba und Nicaragua die Geheimpolizei mit aufbaute.

Obwohl es in der DDR in dieser Zeit kaum noch offenen politischen Widerstand gab, sah der Staatssicherheitsdienst seine Aufgabe auch weiterhin darin, »feindliche« Bestrebungen ausfindig zu machen und zu zerschlagen. Im Zusammenhang mit der Niederschlagung des »Prager Frühlings« durch sowjetische Truppen leitete das MfS 1968 über 500 Ermittlungsverfahren gegen DDR-Bürger ein, die ihre Sympathie mit dem sozialistischen Reformkurs in der Tschechoslowakei bekundet hatten. Auch die Proteste gegen die Ausbürgerung des Liedermachers Wolf Biermann 1976 führten zu einer Verhaftungswelle. Viele der prominenten Künstler, die sich daran beteiligt hatten, wurden nach und nach aus dem Lande geekelt.

Politische Resignation und verstärkte Überwachung im Vorfeld führten in den siebziger Jahren zu einem Rückgang der Inhaftierungen. Während in den fünfziger Jahren durchschnittlich rund 3200 Ermittlungsverfahren pro Jahr eingeleitet wurden, reduzierte sich die Zahl nunmehr auf fast die Hälfte. Erst in den achtziger Jahren stieg sie wieder auf 2500 an, vor allem, weil es immer mehr aufgedeckte Fluchtversuche und eine wachsende Anzahl hartnäckiger Ausreiseantragsteller gab. So warteten 1985 50 000 und 1989 sogar 125 000 DDR-Bürger auf ihre Ausreise in den Westen, obwohl die SED etwa 250 000 Übersiedlungswünschen stattgegeben hatte – ein Sprengsatz, der zum Zusammenbruch der DDR entscheidend beitrug. Der erneute Anstieg der Verhaftungen brachte zudem zusätzliche Devisen ins Land, denn für jeden freigelassenen politischen Häftling zahlte die Bundesrepublik im Zuge der Freikaufverhandlungen seit Anfang der sechziger Jahre bares Geld: umgerechnet etwa 1,75 Milliarden Euro für knapp 34 000 Gefangene.

Die Entspannung zwischen Ost und West, die sich in diesen und anderen Geschäften ausdrückte, führte auch in den späten Jahren der DDR nicht zu einem Abbau des MfS-Apparates. Im Gegenteil: Der Staatssicherheitsdienst sah in den verstärkten deutsch-deutschen Kontakten neue Gefah-

Wärter beim Kontrollgang (MfS-Schulungsmaterial, Anfang der sechziger Jahre)

ren für das SED-System und intensivierte seine Überwachungsanstrengungen. Aus Rücksicht auf die internationalen Reaktionen verlagerte das MfS die Kontrolle der Bevölkerung jedoch noch stärker ins Vorfeld, um Schüsse an der Grenze oder spektakuläre Verhaftungen nach Möglichkeit zu vermeiden. Neben dem flächendeckenden Netz geheimer Informanten diente dazu u.a. die systematische Kontrolle des Post- und Telefonverkehrs. Mit eigens entwickelten Apparaturen öffnete man täglich etwa 90 000 Briefe und hörte allein in Ost-Berlin rund 20 000 Telefonanschlüsse ab. Tausende Bürger wurden zudem in so genannten Operativvorgängen (OV) oder Operativen Personenkontrollen (OPK) überwacht und mit unsichtbaren »Zersetzungsmaßnahmen« überzogen. So bearbeitete das MfS in den späten achtziger Jahren jährlich knapp 5000 OV und führte rund 8000 OPK zum Abschluss.

Bei Großereignissen wie den jährlichen Kundgebungen zum 1. Mai herrschte regelmäßig eine Art Ausnahmezustand, bei dem Heerscharen von Sicherheitskräften zum Einsatz kamen. Allein beim DDR-Besuch des damaligen Bundeskanzlers Helmut Schmidt im Dezember 1981 sorgten über 33 000 Mann dafür, dass nichts Unvorhergesehenes geschehen konnte – die spontanen »Willy! Willy!«-Rufe beim Besuch von Bundeskanzler Willy Brandt 1970 in Erfurt waren der SED-Führung noch in unangenehmer Erinnerung. Darüber hinaus traf das MfS umfangreiche Vorkehrungen für den Spannungsfall, in dem etwa 11 000 als »feindlich« eingestufte Bürger vorsorglich in Isolierungslager eingeliefert werden sollten.

Strukturen und Arbeitsweise

Wenn es den Bürgern auch anders erscheinen mochte, war das MfS keineswegs ein Staat im Staate, der tun konnte, was er wollte. Seine Anweisungen erhielt es vielmehr von der SED, als deren »Schwert und

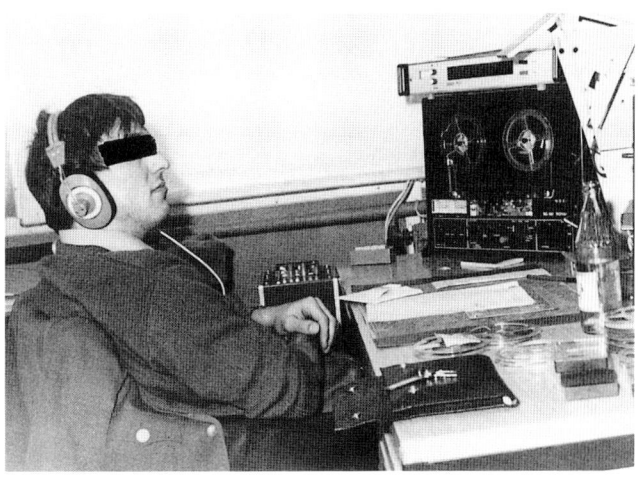

Schild« sich der Staatssicherheitsdienst verstand. Die langfristigen Aufgaben waren – wie alles in der DDR – in Plänen fixiert, die das Zentralkomitee (ZK) der SED in Kraft setzte und die den Rahmen für Erich Mielkes zentrale Planvorgaben bildeten. Politisch angeleitet wurde das MfS von der Abteilung Sicherheit des ZK und von einer eigenen SED-Kreisorganisation im Ministerium. In der Praxis war es freilich in erster Linie der jeweilige SED-Chef selbst, der die Grundlinien der Arbeit bestimmte und dem Minister für Staatssicherheit auch in einzelnen Fragen Anweisungen erteilte. In den Bezirken und Kreisen der DDR gab es ein ähnliches Abhängigkeitsverhältnis zur Partei, da der örtliche SED-Vorsitzende nicht nur die höchste politische Autorität, sondern auch Chef der so genannten Einsatzleitungen war. Während in den fünfziger Jahren das Politbüro über Festnahmen und Todesurteile noch förmliche Beschlüsse fasste, erörterten Honecker und Mielke ab Anfang der siebziger Jahre aktuelle Sicherheitsfragen nur noch nach den Sitzungen unter vier Augen.

Als wichtigstes Sicherheitsinstrument der Partei besaß das MfS in der DDR eine Machtfülle, wie sie nur in totalitären Staaten möglich ist. Es vereinte in sich nicht nur den Inlands- und den Auslandsnachrichtendienst, die in der Bundesrepublik strikt von-

Ein Mitarbeiter der Hauptabteilung III (Funkaufklärung/Funkabwehr) hört ein mitgeschnittenes Telefongespräch ab

Erich Mielke, Erich
Honecker und Walter
Ulbricht (von links, Ende
der sechziger Jahre)

einander getrennt arbeiten, sondern übte zugleich auch Befugnisse von Polizei und Staatsanwaltschaft aus. So konnte es gleichzeitig Telefone abhören, Briefe abfangen, geheime Informanten einsetzen, Festnahmen vornehmen, Ermittlungsverfahren durchführen, die Beschuldigten schließlich auch noch in eigenen Untersuchungsgefängnissen vernehmen und die Verfahren bis zur Anklage bringen. Durch sein engmaschiges Informantennetz und den Zugriff auf praktisch alle staatlichen Institutionen – von der Schule über den Arzt bis zu den so genannten volkseigenen Betrieben – übte das MfS über die Bürger der DDR eine fast lückenlose Kontrolle aus. Auch die zentral angeleitete DDR-Justiz exekutierte in der Regel das, was ihr vom MfS vorgegeben wurde, und selbst der Strafvollzug wurde vom MfS durch IM und OibE insgeheim überwacht und gesteuert. Eine parlamentarische Kontrolle des Staatssicherheitsdienstes gab es ebenso wenig wie die Möglichkeit, ein Verwaltungsgericht gegen seine Maßnahmen in Anspruch zu nehmen.

Trotz seines plumpen Auftretens galt Erich Mielke im MfS als unangefochtene Autorität. Er war nicht nur oberster Befehlshaber des militärisch aufgebauten Apparates, sondern zwang seine Umgebung auch zu extremer Kritiklosigkeit und Liebedienerei. Ihm zur Seite standen vier Stellvertreter,

darunter Spionagechef Markus Wolf, die wie Mielke selbst jeweils mehrere Abteilungen anleiteten.

Das Ministerium gliederte sich in mehr als sechzig Diensteinheiten mit unterschiedlichen Aufgaben: Die Hauptabteilung I war z.B. zuständig für die Überwachung des DDR-Militärs, während die Hauptabteilung II für die »Spionageabwehr« verantwortlich zeichnete – die freilich vor allem in der vorbeugenden Ausforschung Tausender unbeteiligter Bürger bestand. Die Hauptabteilung III überwachte den Äther und hörte dabei u.a. die Autotelefone und Ferngespräche in der Bundesrepublik ab, darunter auch die des Bundeskanzlers. Die Hauptabteilung VI kontrollierte an den DDR-Grenzen die Pässe, während die Hauptabteilung VII für die Überwachung von Polizei und Innenministerium zuständig war. Die Hauptabteilung VIII nahm Observationen und Verhaftungen vor, die Hauptabteilung IX führte die Ermittlungsverfahren des MfS durch. Zu den bedeutenderen Diensteinheiten gehörten ferner die Abteilung XIV (Untersuchungshaft und Strafvollzug), die Hauptabteilungen XVIII (Volkswirtschaft), XIX (Post und Verkehr), XXII (Terrorabwehr) und XX (Staatsapparat, Kirche, Kunst, Kultur, Opposition), die wie keine andere für die Überwachung und Verfolgung SED-kritischer Bürger verantwortlich war. Von großer Bedeutung waren aber auch die unterstützenden Diensteinheiten wie die Abteilungen 26 (Telefonüberwachung) und M (Postkontrolle) oder der Operativ-Technische Sektor (OTS), der die Überwachungstechnik herstellte und kriminalistische Untersuchungen vornahm. Sieht man vom Wachregiment (WR) mit seinen über 11 000 Soldaten ab, hatte die Hauptverwaltung A (HV A), die den Westen ausspionierte, mit zuletzt 3819 Mann die meisten Mitarbeiter.

Der Grund dafür lag darin, dass SED und MfS schon aus ideologischen Gründen für jedes hausgemachte Problem in erster Linie den »Klassenfeind« in der Bundesrepublik verantwortlich machten. Die Arbeit in und nach dem »Operationsgebiet«, wie man den Westen nannte, galt folglich als eine der Hauptaufgaben des MfS. Mielke zufolge kam es dabei darauf an, »alles zu erkunden und zu nutzen, was der Politik der Partei gegenüber der BRD und Westberlin nützt, und alles aufzuklären, was dieser Politik entgegenwirkt und was sich gegen unsere Republik richtet«. Außer den Abhöranlagen an den Grenzen und in der Bonner diplomatischen Vertretung diente diesem Zweck ein Netz von etwa 20 000 bis 30 000 Bundesbürgern, die im Lauf von vier Jahrzehnten als IM geführt wurden. Sie verteilten sich auf alle wichtigen Bereiche des gesellschaftlichen Lebens und beschafften Informationen aus Wirtschaft, Politik, Militär, Geheimdiensten und anderen »feindlichen Stellen«. Allein zwischen 1969 und 1987 wurden über 180 000 Eingangsinformationen registriert, jede zweite leitete man an den sowjetischen Geheimdienst weiter. Mit Einflussagenten und so genannten »aktiven Maßnahmen« versuchte das MfS auch auf die politische Entwicklung in der Bundesrepublik einzuwirken, vor allem durch die Unterstützung von Protestbewegungen, durch IM im politischen Raum und durch die Inszenierung von Kampagnen gegen unliebsame Politiker. So bewahrte der Staatssicherheitsdienst den früheren Bundeskanzler Willy Brandt 1972 vor dem Sturz, indem er zwei Bundestagsabgeordnete der Union dazu veranlasste, beim damaligen Misstrauensvotum gegen den Kandidaten der eigenen Partei zu stimmen. CDU-Politiker wie der frühere Bundespräsident Heinrich Lübke oder der einstige Bundestagspräsident Eugen Gerstenmaier traten hingegen zurück, nachdem ihnen das MfS in jahrelangen Kampagnen eine Verstrickung in den Nationalsozialismus vorgeworfen hatte.

Das MfS verfügte dabei nicht nur in Berlin über einen ausdifferenzierten Apparat, dessen Zentrale ihren Sitz in dem riesigen Gebäudekomplex rund um die Normannenstraße hatte. Sein organisatorisches Netz reichte vielmehr bis in die Bezirke und Kreise der DDR, wo es jeweils eigene MfS-Dienststellen gab. In jedem der insgesamt 15 Bezirke – auch in Berlin – gab es eine Bezirksverwaltung (BV) des MfS, die über ähnliche Abteilungen wie die Zentrale verfügte und auch ein eigenes Untersuchungsgefängnis besaß. Die Hauptverantwortung für die »Sicherheit im Territorium« lag jedoch bei den 218 Kreisdienststellen (KD) des MfS mit ihren rund 11 000 Mitarbeitern, die allein über die Hälfte aller IM lenkten. In einigen herausgehobenen Betrieben gab es zusätzlich noch so genannte Objektdienststellen, beispielsweise bei Carl-Zeiss-Jena oder im Chemischen Kombinat Bitterfeld. Diese örtlichen und regionalen MfS-

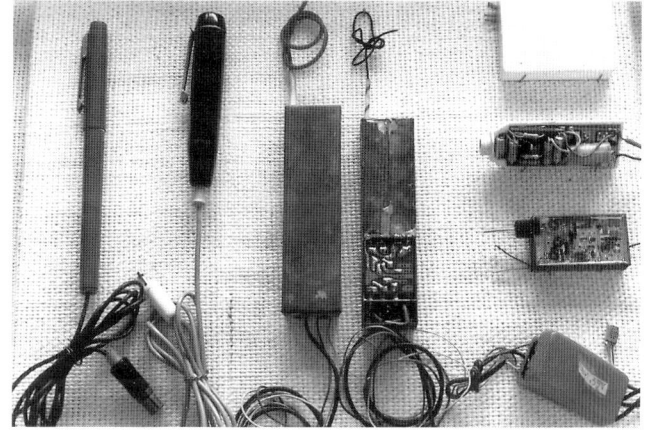

Abhörtechnik des Ministeriums für Staatssicherheit

Die Zentrale des Ministeriums für Staatssicherheit in der Normannenstraße in Berlin-Lichtenberg (1985)

Filialen unterstanden zwar jeweils einem Leiter vor Ort, waren aber über das so genannte Linienprinzip direkt mit der Zentrale verbunden. So konnten die wichtigsten Berliner Abteilungen in den Bezirken und teilweise auch in den Kreisen jederzeit auf Mitarbeiter ihrer »Linie« zurückgreifen.

Wie Mielke nicht müde wurde hervorzuheben, bildeten die Inoffiziellen Mitarbeiter die »Hauptwaffe« des MfS. Trotz wachsender technischer Möglichkeiten galten die geheimen Informanten als die wichtigste und zuverlässigste Methode der Überwachung. Und sie berichteten nicht etwa spontan und zufällig, sondern wurden auf der Basis quasiwissenschaftlicher Analysen rekrutiert und eingesetzt. Experten an der Juristischen Hochschule der Staatssicherheit in Potsdam beschäftigten sich dazu jahrzehntelang mit der Frage, wie man Menschen zur Denunziation bewegen kann; Dutzende MfS-Mitarbeiter schrieben darüber ihre Diplom- und Doktorarbeiten.

Gewinnung und Einsatz der IM waren dementsprechend in umfangreichen Richtlinien geregelt. Vor der Anwerbung wurden die Kandidaten in der Regel zunächst selber intensiv ausgeforscht, um genau einschätzen zu können, wie sie auf einen Werbeversuch reagieren würden. Anschließend schrieb der zuständige MfS-Offizier eine Vorlage, die den geplanten Ablauf der Werbung skizzierte und vom Vorgesetzten abgezeichnet werden musste. Erst danach erfolgte die Ansprache, die möglichst mit der Unterzeichnung einer Verpflichtungserklärung enden sollte. In schwierigen Fällen – z.B. bei Pastoren oder Westdeutschen – begnügte man sich auch mit einer allmählichen Einbeziehung in die Zusammenarbeit, denn entscheidend war nicht die Unterschrift, sondern die Bereitschaft zur geheimen Kooperation. Nur etwa ein Prozent der DDR-Bürger fand sich allerdings tatsächlich zu einer Zusammenarbeit mit dem MfS bereit, und ein Drittel der geplanten Anwerbungen scheiterte, was bei der Diskussion über Stasi-Verstrickungen im Osten oft vergessen wird. Obwohl die Stasi die Anweisung hatte, ihre Informanten möglichst nicht aus den Reihen der SED zu werben, waren letztlich doch über dreißig Prozent von ihnen Parteimitglieder.

Das MfS unterteilte seine IM in verschiedene Kategorien. Ein IM zur »Sicherung der Konspiration« (IMK), wie es offiziell hieß, war beispielsweise ein DDR-Bürger, der dem MfS seine Wohnung oder sein Telefon für Geheimkontakte zur Verfügung stellte. Die IM zur »unmittelbaren Bearbeitung im Verdacht der Feindtätigkeit stehender Personen« (IMB) bespitzelten hingegen gezielt ihre Mitmenschen und führten auch Aufträge ihrer Führungsoffiziere aus. Dazwischen gab es eine Reihe weiterer Kategorien, darunter als größte Gruppe die IM zur »politisch-operativen Durchdringung und Sicherung des Verantwortungsbereiches« (IMS). Bei ihnen handelte es sich um eine Art halboffizieller Auskunftspersonen in Wohnhäusern, Schulen, Betrieben etc., die konspirativ mit dem MfS kooperierten.

Die IM hatten, je nach Einsatzgebiet, in erster Linie über ihr persönliches oder berufliches Umfeld zu berichten. Insbesondere die IMB, die zwei Prozent aller IM ausmachten, wurden auch gezielt auf »feindliche« Personen angesetzt, um sie auszuhorchen, zu beeinflussen oder zu bekämpfen. Der Führungsoffizier traf sich im Durchschnitt alle vier bis sechs Wochen mit dem IM, zumeist in einer konspirativen Wohnung, manchmal aber auch nur kurz im Auto. Bei den Treffen nahm er die schriftlichen oder mündlichen Berichte entgegen und erteilte neue Aufträge. Besonderen Wert legte das MfS dabei auf die Ehrlichkeit des IM, die es in regelmäßigen Abständen überprüfte. Die Belohnung bestand in der Regel nur aus kleinen Geschenken oder gelegentlichen Orden. All dies wurde in einem Aktenvorgang, der aus einem Personalteil, einem Berichtsteil und gegebenenfalls einem Finanzteil bestand, genau dokumentiert.

Aus dem Netz der Informanten und der Kontrolle von Briefen und Telefongesprächen bekam das MfS ständig eine Fülle von Hinweisen, die umgehend an die zuständige Diensteinheit weitergeleitet wurden. Zudem führte es so genannte Sicherheitsüberprüfungen durch, die vor allem Personen mit Leitungsaufgaben betrafen. Laut Mielke hieß die Hauptfrage bei all diesen Aktivitäten: »Wer ist Wer?« Das MfS sollte möglichst von jedem Bürger wissen, wie er denkt und ob man sich politisch auf ihn verlassen kann.

Hatte sich eine Person erstmals verdächtig gemacht, legte der Staatssicherheitsdienst oft zunächst ein Ausgangsmaterial an, das, wenn sich der Verdacht erhärtete, in eine Operative Personenkontrolle oder einen Operativvorgang überführt wurde. Das bedeutete, dass ein MfS-Offizier den Betroffenen nach einem schriftlichen Plan systematisch ausforschen ließ. In der Regel befragte man dazu Vertrauensleute in den Betrieben oder Wohngebieten, überwachte den Post- und Telefonverkehr und erteilte verschiedenen IM genaue Aufträge. Während bei der OPK die vorbeugende Überwachung im Vordergrund stand und sie manchmal auch zur Anwerbung einer Person führen konnte, ging man beim OV bereits vom Vorwurf einer konkreten Straftat aus. Ohne dass der Betroffene davon wusste, führte das MfS mit geheimdienstlichen Mitteln Ermittlungen gegen ihn durch, z.B. wegen Landesverrats, geplanter Republikflucht oder staatsfeindlicher Hetze.

MfS-Beobachtungskamera, als Fahrradtasche getarnt

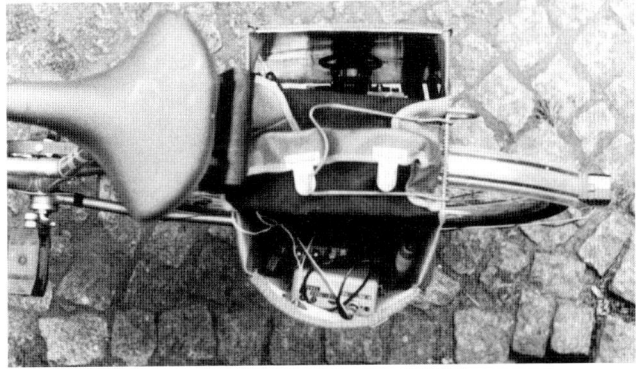

Wenn der Betroffene verhaftet wurde, wusste der Staatssicherheitsdienst über die ihm vorgeworfenen Vergehen oft schon genau Bescheid. Der Festgenommene kam in eine der 17 Untersuchungshaftanstalten des MfS, das sodann ein förmliches Ermittlungsverfahren einleitete. Entsprechend Mielkes Vorgabe, gegen unerwünschtes Verhalten bereits vorbeugend vorzugehen, griff das MfS häufig schon im Planungsstadium zu, wozu das Strafrecht der DDR ausreichend Möglichkeiten bot. In strenger Isolationshaft und unter entwürdigenden Schikanen versuchte der so genannte Untersuchungsführer, den Beschuldigten in wochen- oder monatelangen Vernehmungen zu einem Schuldeingeständnis zu bewegen, um die Erkenntnisse des MfS zu vervollständigen und zu »offizialisieren«, d.h. gerichtsverwertbar zu machen. In der Regel hatte der Inhaftierte in dieser Phase keinerlei Kontakt zu seinen Angehörigen oder einem Anwalt, sodass der Vernehmer außer dem Wachpersonal das einzige menschliche Gegenüber blieb. Am Ende fertigte das MfS einen Abschlussbericht an, der als Grundlage für die Anklageschrift diente. Vor Gericht galten die bei den Vernehmungen gemachten Aussagen des Inhaftierten selbst dann als Beweismittel, wenn er sie widerrief. Das Urteil entsprach fast immer den Vorgaben des MfS. Insgesamt wird die Zahl der in der DDR aus politischen Gründen festgenommenen Personen auf 200 000 bis 250 000 geschätzt.

Um ihren internationalen Ruf zu verbessern, versuchte die SED in den siebziger und achtziger Jahren zunehmend, die Verhaftung von Kritikern zu vermeiden. Prominente Oppositionelle wie Ulrike Poppe, Freya Klier oder Bärbel Bohley kamen bei entsprechenden Protesten nach einigen Tagen wieder frei. Insbesondere wenn jemand Kontakte in den Westen hatte, wurden häufig weniger sichtbare Verfolgungsmethoden eingesetzt. Statt mit Haft sollten die Betroffenen – so sah es die OV-Richtlinie 1/76 vor – mit so genannten Zerset-

Verhaftung durch das MfS

Ich musste mich schnell ankleiden, auf Schritt und Tritt verfolgt von einem Stasi-Mann. Hab' dann noch schnell'n bisschen Geld in die Tasche gesteckt, und dann ging es »ab die Post«. Unten vor der Tür standen schon mehrere Lada-Wagen. Einer fuhr dann vornweg, einer hinterher, ich saß hinten auf der Bank mit Handschellen angeschlossen, mit einer Blechbrille auf, ich sollte nicht sehen, wohin die Fahrt geht.
Die Fahrt endete, nachdem wir einige schwere Eisentore passiert hatten, das merkte man immer am Anhalten und an diesen kurzen Kommandoworten, und irgendwann musste ich dann aussteigen. Mir wurde die Brille abgenommen, und ich sah eine kleine Garage mit einem Ausgang. Dann wurde ich reinbe-

fohlen und musste mich entkleiden, die Sachen alle auf'n Tisch legen, die wurden weggenommen. Dann wurde ich untersucht, man schaute in alle Körperöffnungen. Dann bekam ich Häftlingskleidung. Die bestand aus einem Trainingsanzug und aus Latschen, weiter nichts. Als Unterwäsche eine Turnhose und ein Turnhemd. Dann wurde ich viele Gänge entlanggeführt und in eine Zelle gesperrt.

Klaus Freymuth wurde wegen angeblichen Verstoßes gegen das Zollgesetz und Steuerhinterziehung im Juli 1984 aus politischen Gründen verhaftet und war bis März 1985 in Berlin-Hohenschönhausen in Untersuchungshaft.
Quelle: Gilbert Furian: Mehl aus Mielkes Mühlen. Schicksale politisch Verurteilter. Berichte, Briefe, Dokumente. Berlin 1991, S. 73f.

Korridor des Gefängnis-neubaus (Aufnahme vom November 1990)

zungsmaßnahmen »zersplittert, gelähmt, desorganisiert und isoliert« werden, ohne dass das MfS als Urheber in Erscheinung trat. Die Liste dieser Maßnahmen reichte von der systematischen Diskreditierung des öffentlichen Rufes über die gezielte Organisierung beruflicher Misserfolge bis zur künstlichen Erzeugung von Misstrauen und gegenseitigen Verdächtigungen. Das MfS stützte sich dabei vor allem auf seine IM, die gezielt Gerüchte verbreiteten, Konflikte schürten oder die Betroffenen verunsicherten. Diese wurden zusätzlich über die so genannten Partner des operativen Zusammenwirkens (POZW) – Vorgesetzte, Lehrer, Polizisten, Ärzte etc. – unter Druck gesetzt und beeinflusst. Mit anonymen Briefen oder kompromittierenden Fotos wurden auch Familien- und Freundschaftsbeziehungen gezielt gestört. Der staatlich organisierte Psychokrieg, dem mehrere Tausend Menschen – manchmal jahrelang – ausgesetzt waren, wurde von MfS-Offizieren systematisch geplant und auf seine Wirkungen hin kontrolliert. Es war eine »leise Form des Terrors«, wie der Schriftsteller Jürgen Fuchs, selber Opfer zahlloser Zersetzungsmaßnahmen, das Vorgehen des MfS einmal charakterisierte.

Untergang und Auflösung

Während das Bedürfnis der SED nach internationaler Anerkennung und die wachsenden wirtschaftlichen Probleme der DDR das MfS seit den frühen achtziger Jahren zu verstärkter Rücksichtnahme gegenüber dem Westen zwangen, tat sich ab 1986 im Osten überraschend eine zweite Front auf: die Reformpolitik des neuen sowjetischen Parteichefs Michail Gorbatschow, der das marode sozialistische System durch »Glasnost« (Offenheit) und »Perestroika« (Umbau) zu retten suchte. Zwar versuchte der Chefideologe der SED, Kurt Hager, das Problem 1988 mit der Bemerkung wegzureden, dass man seine Wohnung doch nicht nur deshalb neu tapezieren würde, weil es der Nachbar täte, doch zum ersten Mal seit ihrer Gründung stand die DDR ohne ihre politische Schutzmacht da. Für die Stabilität der DDR hatte dies schwerwiegende Folgen: Forderungen, die bis dahin nur der »Klassenfeind« gestellt hatte, konnten Kritiker nun unter Berufung auf die Propagandalosung »Von der Sowjetunion lernen, heißt siegen lernen« erheben. Auch in den eigenen Reihen kamen Zweifel am Vorgehen der SED auf, etwa als im November 1988 der Bezug der deutschsprachigen sowjetischen Zeitschrift »Sputnik« in der DDR untersagt wurde. Die Politik der SED verwickelte sich zunehmend in Widersprüche, weil sie einerseits auf Repressalien nicht verzichten konnte, andererseits auf die internationale Zusammenarbeit immer stärker angewiesen war. Um sich nicht völlig zu isolieren, sah sich die DDR beispielsweise dazu gezwungen, bei der Fortsetzungstagung der Konferenz für Sicherheit und Zusammenarbeit in Europa (KSZE) 1988 in Wien der Zulassung von Menschenrechtsgruppen zuzustimmen, die der Staatssicherheitsdienst bis dahin heftig bekämpft hatte. Auch die Möglichkeiten für DDR-Bürger, in den Westen zu reisen, nahmen deutlich zu – mit der Folge, dass die Unzufriedenheit mit den eigenen Lebensverhältnissen erst recht anwuchs.

Das sicherheitspolitische Dilemma der SED zeigte sich erstmals in aller Offenheit, als der Staatssicherheitsdienst im Herbst 1987 die Räume der oppositionellen Umweltbibliothek durchsuchte, um die seit einem Jahr inoffiziell erscheinende Zeitschrift »Grenzfall« zu zerschlagen. Nachdem ein eingeschleuster IM vorgeschlagen hatte, das

Grenzposten der Nationalen Volksarmee im Bahnhof Potsdamer Platz

Blatt hier zu drucken, und anschließend das MfS über den Termin informierte, erschienen in der Nacht vom 24. zum 25. November etwa zwanzig Stasi-Offiziere zusammen mit dem Generalstaatsanwalt in der Ost-Berliner Zionsgemeinde, um die Initiatoren auf frischer Tat bei der Herstellung zu ertappen. Mehrere Mitarbeiter der Umweltbibliothek wurden verhaftet, die Druckmaschinen beschlagnahmt. Bereits am nächsten Tag setzte jedoch eine breite Solidarisierungskampagne mit Mahnwachen und Bittgottesdiensten ein, die über das westdeutsche Fernsehen schnell öffentlich wurde. Auf Anweisung der SED musste der Staatssicherheitsdienst die Inhaftierten nach einigen Tagen wieder freilassen – ein Sieg für die zahlenmäßig kleine DDR-Opposition. Die Situation wiederholte sich im Januar 1988, als das MfS mehrere Oppositionelle und Ausreiseantragsteller verhaftete, die sich mit Transparenten an einer offiziellen Gedenkdemonstration für Rosa Luxemburg und Karl Liebknecht beteiligt hatten. Zwar konnte der Staatssicherheitsdienst diesmal erreichen, dass mehrere führende Oppositionelle die DDR verließen, doch hatten einige von ihnen ein Rückkehrrecht aushandeln können und damit erneut die Schwäche der SED sichtbar gemacht. Die unabhängigen Friedens-, Umwelt- und Menschenrechtsgruppen im Schutzraum der evangelischen Kirchen erhielten seitdem immer mehr Zulauf – nicht zuletzt von zahlreichen Ausreiseantragstellern, die sich davon eine schnellere Übersiedlung in die Bundesrepublik versprachen.

Im Mai 1989 protestierten oppositionelle Gruppen gegen die Fälschung der Ergebnisse der Kommunalwahl, bei der es erstmals nicht mehr die bis dahin übliche Zustimmung von 99 Prozent der Wahlberechtigten gegeben hatte. Im Sommer flüchteten dann zahlreiche DDR-Bürger in die Botschaften der Bundesrepublik in Prag und Budapest und verlangten ultimativ ihre Ausreise in den Westen. Nachdem die ungarische Regierung demonstrativ den

Grenzzaun zu Österreich eingerissen hatte, gingen schließlich Hunderte von DDR-Bürgern zu Fuß über die grüne Grenze, ohne dass der Staatssicherheitsdienst dies verhindern konnte. Die Bilder der freudestrahlenden Flüchtlinge im westdeutschen Fernsehen widerlegten nicht nur die penetrante Erfolgspropaganda in den DDR-Medien, sondern machten auch die Hilflosigkeit der SED deutlich, während die Zurückgebliebenen zunehmend das Gefühl bekamen, sich auf einem untergehenden Schiff zu befinden. In Leipzig demonstrierte unter diesem Eindruck jeden Montag eine wachsende Zahl von Menschen für Reformen in der DDR und einen politischen Dialog zwischen Volk und Regierung, ohne dass der Staatssicherheitsdienst dies wirksam unterband. Anfang Oktober kulminierte die innenpolitische Krise, als die SED mit großem Aufwand den vierzigsten Jahrestag der DDR-Gründung feierte, während in Leipzig über 70 000 Menschen durch die Innenstadt marschierten. In dieser Situation zwang das Politbüro Erich Honecker am 18. Oktober 1989 zum Rücktritt und bestimmte Egon Krenz zu seinem Nachfolger.

Die neue SED-Führung verkündete eine politische Wende und die Einleitung von Reformen. Die wichtigsten Spitzenfunktionäre, darunter auch Erich Mielke, verloren ihre Ämter und wurden nun zu Sündenböcken. Unter dem befreienden Gelächter der Abgeordneten verteidigte sich Mitte November der kurz zuvor noch so gefürchtete Mielke in der DDR-Volkskammer mit den berühmt gewordenen Sätzen: »Ich liebe, ich liebe doch alle. Ich liebe doch ...« Drei Wochen später wurde er verhaftet und kam in Untersuchungshaft, die er zeitweise im Haftkrankenhaus Berlin-Hohenschönhausen verbrachte.

Neuer Chef des Staatssicherheitsdienstes wurde der ehemalige Großhandelskaufmann und bisherige Stellvertreter Mielkes, Wolfgang Schwanitz, zugleich wurde der Geheimdienst in Amt für Nationale Sicherheit (AfNS) umbenannt. Der weit verbreitete Zorn auf die Stasi ließ sich dadurch freilich nicht besänftigen. Als bekannt wurde, dass hinter den Mauern der Stasi-Dienstgebäude systematisch Akten vernichtet wurden, besetzten Bürger Anfang Dezember 1989 die ersten Bezirksverwaltungen. Unter diesem Eindruck beschloss die DDR-Regierung am 14. Dezember, auch das AfNS aufzulösen und es durch einen Verfassungsschutz und einen Nachrichtendienst zu ersetzen – vergeblich. Unter dem Druck der anhaltenden Bevölkerungsproteste sah sich die Regierung im Januar 1990 schließlich gezwungen, den Staatssicherheitsdienst bis zum 31. März ersatzlos abzuwickeln, während die HV A dafür bis zum 30. Juni Zeit eingeräumt bekam. Um die Auflösung zu beschleunigen, besetzten Demonstranten am 15. Januar 1990 auch die Stasi-Zentrale in der Berliner Normannenstraße, und ein Bürgerkomitee wachte hinfort zusammen mit Regierungsvertretern über die Entlassung der 91 000 hauptamtlichen Mitarbeiter sowie den Erhalt der Akten. Bald stellte sich heraus, dass das MfS auch in den neu gegründeten Oppositionsparteien an führender Stelle mit IM verankert war, unter ihnen der Vorsitzende des CDU-nahen »Demokratischen Aufbruchs«, Wolfgang Schnur, und der Spitzenkandidat der Sozialdemokraten, Ibrahim Böhme, die beide deshalb zurücktreten mussten. Insgesamt wurden in den Dienststellen des MfS über 125 000 Revolver und 77 000 Maschinenpistolen eingesammelt – ein Waffenarsenal, das die unblutige Auflösung des Staatssicherheitsdienstes wie ein Wunder erscheinen lässt.

Erich Mielke wurde – ebenso wie die meisten anderen MfS-Mitarbeiter – für seine Taten als Minister für Staatssicherheit niemals strafrechtlich zur Verantwortung gezogen. Erst 1993 wurde er wegen der Ermordung zweier Polizisten auf dem Berliner Bülowplatz am Ende der Weimarer Republik zu sechs Jahren Gefängnis verurteilt; zwei Jahre später kam er vorzeitig aus der Haft frei. Er starb am 21. Mai 2000 in einem Altenpflegeheim in Berlin-Hellersdorf.

Das Sperrgebiet

Vorgeschichte

Der Berliner Stadtteil Hohenschönhausen ist eng mit der Geschichte des DDR-Staatssicherheitsdienstes verbunden. Ursprünglich geht er auf ein kleines niederbarnimsches Dorf zurück, das bis 1920 zum preußischen Regierungsbezirk Potsdam gehörte. Die städtische Entwicklung der Vorstadtgemeinde begann Ende des 19. Jahrhunderts, nachdem dort ehemaliges Rittergutland parzelliert und verkauft worden war. Südlich des Sandpfuhls und östlich der Berliner Straße (heute Konrad-Wolf-Straße) siedelten sich Industrieunternehmen an, die maßgeblich vom Bau der Industriebahn Tegel–Friedrichsfelde profitierten. Der erste Teilabschnitt – die Strecke zwischen Friedrichsfelde und Blankenburg – wurde am 16. Dezember 1907 in Betrieb genommen. Im selben Jahr wurde auch der Güterbahnhof Hohenschönhausen eröffnet, der für den Haftort später noch von Bedeutung werden sollte.

Der Unternehmer Richard Heike erwarb 1910 an der Ecke Große-Leege-Straße 95–96/Freienwalder Straße 17–19 ein 15 000 Quadratmeter großes Grundstück und ließ dort eine Fleischmaschinenfabrik samt Verwaltungsgebäude errichten. Die »Heike-Fabrik« nahm im Frühjahr 1911 mit 250 Mitarbeitern ihre Tätigkeit auf und entwickelte sich zu einem der größten Arbeitgeber in Hohenschönhausen. Die Produkte – Maschinen und Apparate für Fleischereien und Wurstfabriken, Geräte zur Herstellung und zum Verschließen von Konservendosen sowie Anlagen für Schlachthöfe und die Fettindustrie – waren im In- und Ausland erfolgreich.

In den folgenden Jahren kaufte Richard Heike weitere Grundstücke in dem Gebiet: in der Bahnhofstraße 7–9, der Freienwal-

Blick auf die »Heike-Fabrik« von der Ecke Große-Leege-/Freienwalder Straße (1937)

▷ Schriftzüge einiger der bis 1945 im Sperrgebiet ansässigen Firmen

der Straße 15/16 und der Genslerstraße 66–72. Den Großteil dieser Flächen sowie die darauf errichteten Gebäude verpachtete er an andere Firmen. Ebenso wie die Betriebe, die sich im Umfeld des Heike-Besitzes ansiedelten, profitierten sie von dem Anschlussgleis, das auf der Höhe Große-Leege-/Bahnhofstraße von der Industriebahn abzweigte. Auf Antrag des Unternehmers wurde das weitläufige Areal in den zwanziger Jahren offiziell zum Industriegebiet erklärt.

Einige Neugründungen mussten ihre Produktion infolge der Weltwirtschaftskrise am Ende der zwanziger Jahre wieder einstellen. Dazu zählten die 1912 eröffnete Berlin-Aachener Spiegelmanufaktur Röder, Meyer und Co. in der Freienwalder Straße 12a und das seit 1911 existierende Emaillier- und Stanzwerk von Ludwig Winterberg in der Schöneicher Straße. Andere Unternehmen arbeiteten hingegen höchst erfolgreich und entwickelten sich zu den führenden ihrer Branche, zum Beispiel die Firma Albrecht Reiser in der Genslerstraße 15, die Straßenbaumaschinen herstellte, oder die Fabrik Max Uhlendorf in der Goeckestraße 37–38, die Industrieelektroöfen fertigte.

Die Etablierung des NS-Regimes 1933 blieb auch für das Industriegebiet Hohenschönhausen nicht ohne Folgen. Die jüdischen Unternehmer wurden entsprechend der damaligen rassistischen Gesetzgebung gezwungen, ihre Liegenschaften und Firmen zu verkaufen. Profiteure dieser Zwangsmaßnahme waren u.a. die Berliner Knopffabrik Koch & Co. »Bekafa« in der Genslerstraße 15–16 sowie die Kohlenscheidungs-GmbH in der Freienwalder Straße 14–16. 1940 musste auch das letzte jüdische Unternehmen, die Firma Hartwig Kontorowicz, seinen Besitz verkaufen. Das Grundstück in der Große-Leege-Straße 97–98 ging mitsamt der darauf befindlichen Gebäude der Likörfabrik und Weinbrennerei an die C.A.F. Kahlbaum AG. Damit war das Industriegebiet Hohenschönhausen vollständig »arisiert«.

Aktiengesellschaft für Rostschutz
früher Schrauben- und Muttern-Fabrik
vorm. S. Riehm & Söhne

Berlin-Hohenschönhausen, Bahnhofstraße 7-9

Gegründet 1872

Albrecht Reiser

Josef Berthóty
Fabrik für Drahtgeflechte
Hauptfabrikat:
Verzinktes Litzen-Geflecht

PERLEBERGER IMPFSTOFFWERK G M B H
BERLIN-HOHENSCHÖNHAUSEN / GENSLERSTR. 68

MAX UHLENDORFF
MASCHINENFABRIK
INDUSTRIE · ELEKTRO · OFENBAU

Grove-Sauger-Fabrikation
Richard Thiele

Berlin-Hohenschönhausen
Goeckestrasse 37/39

ERWIN NEUENDORF
Häute und Felle   Import-Export

Berlin-Hohenschönhausen
Genslerstraße 69-72

In dem Quartier machten sich nun auch militärische und nationalsozialistische Einrichtungen breit. 1937 erwarb der Reichsluftfahrtfiskus eine Immobilie in der Freienwalder Straße 12a. Ein Jahr später, am 4. Oktober 1938, kaufte die Berliner Gauleitung der NSDAP dem Unternehmer Richard Heike ein 10 000 Quadratmeter großes Grundstück ab, das bis dahin nur landwirtschaftlich genutzt worden war – dies war der Kern des späteren Sperrgebietes. Auf dem Gelände in der Genslerstraße, das später die Hausnummer 66 erhielt, errichtete die Nationalsozialistische Volkswohlfahrt (NSV) im Auftrag der NSDAP eine moderne Großküche für das Winterhilfswerk. Darüber hinaus entstanden noch mehrere Nebengelasse wie Pförtnerhäuschen, Garagen und ein Wäschereigebäude mit zwei personalgebundenen Dreizimmerwohnungen. In der zweigeschossigen unterkellerten »Essenfabrik« wirkten bald über hundert Arbeitskräfte, die in einem einzigen Arbeitsgang 30 000 Portionen zubereiten konnten.

Der Zweite Weltkrieg stellte auch für das Hohenschönhausener Industriegebiet eine verhängnisvolle Zäsur dar. Zwar sorgte der Angriff auf Polen, Frankreich, die Sowjetunion und weitere Staaten zunächst für volle Auftragsbücher, doch umso schlimmer war 1945 der Zusammenbruch.

Durch Rüstungsaufträge und Lieferungen für die Armee konnten die Unternehmen in Hohenschönhausen ihre Gewinne in den ersten Kriegsjahren teilweise erheblich steigern. Verschiedene Betriebe mussten ihre Produktionsanlagen ausweiten. So errichtete die AG für Rostschutz in der Bahnhofstraße 7–9 aufgrund von Bestellungen für das Kriegsmarineoberkommando 1939/40 einen zusätzlichen Lager- und Vorrichtungsschuppen. Auch die Firma »Erwin Neuendorf. Häute und Felle. Import-Export« in der Genslerstraße 69–72 reichte, nachdem sie von der Reichsstelle für Lederwirtschaft im Mai 1940 »als Verteilerstelle für Häute und Felle für den Wehrkreis III eingesetzt«

worden war, bei der Baupolizei diverse Erweiterungsanträge ein.

Der Krieg führte allerdings auch dazu, dass immer mehr männliche Belegschaftsangehörige eingezogen wurden und zur Front mussten. Die frei werdenden Stellen wurden nun hauptsächlich mit Kriegsgefangenen und Zwangsarbeitern besetzt. Etwa hundert Häftlinge aus dem Kriegsgefangenen-Mannschafts-Stammlager (Stalag) III D, die in der Fleischmaschinenfabrik u.a. Bauteile für Panzer, Munition und Gewehrkolben herstellen mussten, kampierten ab Ende 1940 in einem ausgebauten Schuppen in der Genslerstraße 67. Angesichts des steigenden Personalbedarfs ließ Richard Heike im November 1942 eine weitere Baracke für ausländische Zwangsarbeiter errichten.

Gleich nebenan entstand im Auftrag der Impfstofffirma Asid, ansässig in der Genslerstraße 68, 1942/43 ein weiteres Lager. Die in zwei Baracken untergebrachten Polen und so genannte »Ostarbeiter« aus der Ukraine und Russland mussten im Serum-Institut und im Presswerk des Unternehmens arbeiten.

Auf dem Gelände des Reichsluftfahrtfiskus in der Freienwalder Straße 12a befand sich 1942 zudem ein Außenobjekt des Arbeitserziehungslagers Wuhlheide. In diesem von der Gestapo verwalteten Straflager waren neben jüdischen Häftlingen vorwiegend »Ostarbeiter« untergebracht, die angeblich ihre Arbeitsnorm nicht erfüllt oder gegen die Disziplin verstoßen hatten. Die etwa fünfzig in Hohenschönhausen eingesetzten Männer mussten eine brachliegende Fläche an der Goeckestraße 40–42 planieren. Auf dem Areal errichtete die Wehrmacht anschließend einen Sammelplatz für militärtechnisches Beutegut.

In der Folgezeit entstanden in der Umgebung des Industriegebiets noch weitere Militärobjekte. So veräußerte der Kaufmann und Schweinemäster Wilhelm Steinke im Dezember 1942 den Großteil seines Grundstücks in der Gärtnerstraße 19–26 an das

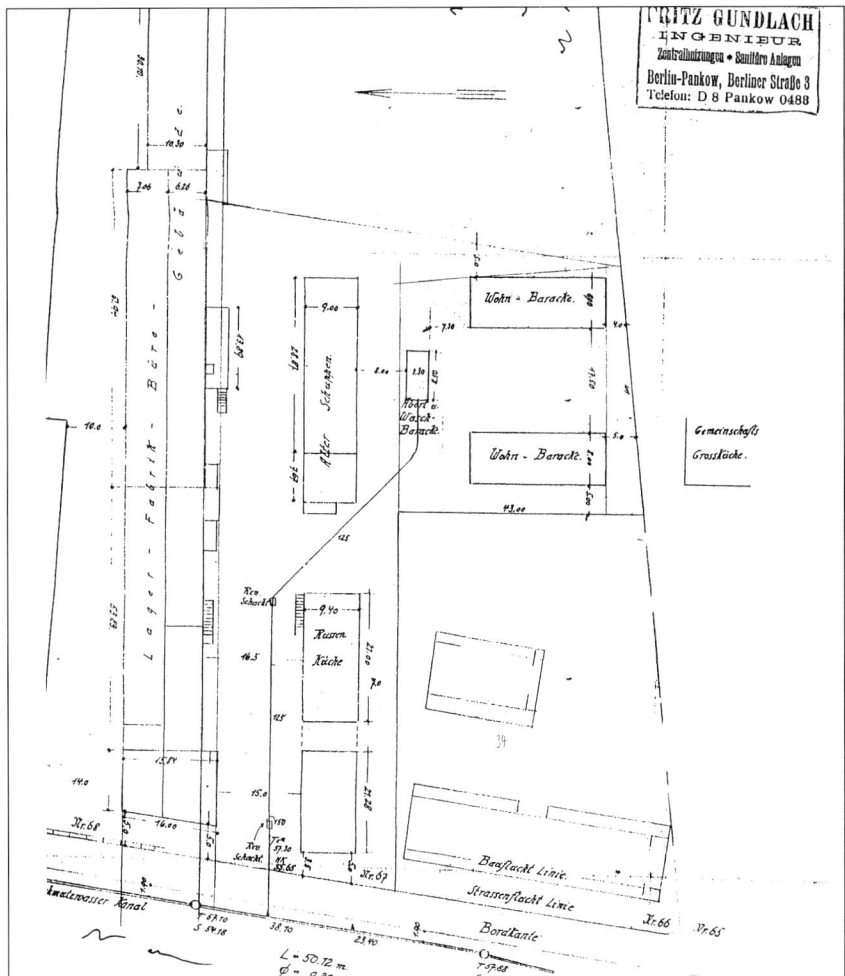

FRITZ GUNDLACH
INGENIEUR
Zentralheizungen ● Sanitäre Anlagen
Berlin-Pankow, Berliner Straße 3
Telefon: D 8 Pankow 0488

Kanalisationsplan für das Zwangsarbeitslager der Impfstofffirma Asid in der Genslerstraße, ab Juni 1945 Bestandteil des Speziallagers Nr. 3 (1942/43)

Wehrkreiskommando III in Berlin-Grunewald. Im folgenden Jahr ließ die Heeresverwaltung hier ein Kartenlager mit mehreren Baracken errichten.

Zu den Folgen des Krieges zählten bald auch die Zerstörungen durch Bombenangriffe. Keine andere Stadt in Europa erlebte so viele Luftangriffe wie Berlin. Britische und US-amerikanische Bomberverbände richteten in der Reichshauptstadt verheerende Zerstörungen an und töteten Zehntausende Einwohner. In Hohenschönhausen griffen die Flugzeuge hauptsächlich die industriellen Produktionsstätten im Umkreis der Industriebahn, die Gleis- und Bahnhofsanlagen sowie die Wehrmachtsobjekte an. In den Schadensmeldungen tauchen immer wieder die Namen der Firmen Asid, Kahlbaum und Heike auf. Im Mai 1944 wurde die Knopffabrik »Bekafa« schwer getroffen und galt seit diesem Zeitpunkt als ausgebombt. Einen der folgenreichsten Luftangriffe erlebte Berlin am 18. März 1945. Im Hohenschönhausener Industriegebiet zerstörten Brandbomben damals u.a. die Versuchsabteilung von Asid und beschädigten große Teile der Fleischmaschinenfabrik.

Bei den schweren Bombardierungen, an denen am Ende auch sowjetische Fliegerverbände beteiligt waren, flüchteten sich

Bewohner aus der Lichtenauer und der Lössauer Straße im April 1945 in die massiven Keller- und Lagerräume der NSV-Großküche. Noch am 4. April 1945 töteten Sprengbomben auf dem Gelände der Firma Asid in einem Splittergraben zehn Zwangsarbeiter aus der Sowjetunion und zerstörten in der Genslerstraße 67 zwei Wohnbaracken.

Sowjetische Ära (1945–1951)

Am 22. April 1945 nahm die zur 1. Weißrussischen Front gehörende 5. Stoßarmee unter ihrem Kommandanten Nikolaj E. Bersarin den Berliner Stadtteil Hohenschönhausen ein. Während die Kampfverbände weiter in Richtung Stadtmitte vorrückten, sicherten andere Truppenteile das eroberte Hinterland. In Hohenschönhausen besetzten sie Objekte der Wehrmacht und andere wichtige Einrichtungen wie z.B. den Industriebahnhof. In den Firmen Neuendorf und Asid in der Genslerstraße beschlagnahmte die Rote Armee die nicht unbeträchtlichen Lagerbestände.

In der kurzen Zeit zwischen dem Zusammenbruch der deutschen Verwaltung und der Etablierung des Besatzungsregimes wechselten viele Dinge auch auf andere Weise den Besitzer. Lebensmittellager und -geschäfte wurden von der Bevölkerung geplündert. Vom Gelände der NSV-Großküche verschwanden bis Ende April 1945 außer den reichlich eingelagerten Lebensmitteln Inventar, technische Geräte, Glasscheiben und andere als Tauschobjekte oder Baumaterial nutzbare Gegenstände.

In diesen Tagen, in denen in der Innenstadt noch erbitterte Kämpfe tobten, kam es, zum Teil von Zwangsarbeitern initiiert, zu mehreren Fällen von Rachejustiz. Am 23. April wurden der achtzigjährige Fabrikant Richard Heike, seine Hausdame Gertrud Häußler sowie Arthur Minke, ein Freund der Familie, an der Ecke Freienwalder Straße 14/Genslerstraße 13 von sowjetischen Soldaten erschossen. Liquidierungen dieser Art hat es damals im Osten Deutschlands zu Tausenden gegeben.

Der kämpfenden Truppe der Weißrussischen Front folgten wenig später die Operativgruppen der sowjetischen Spionageabwehr Smersch (»Tod den Spionen«) und des Volkskommissariats für Innere Angelegenheiten (NKWD). Bereits ab Ende April 1945 nahmen sie in Hohenschönhausen – meist nach Denunziationen – zielgerichtete Verhaftungen vor. Festgenommen wurde u.a. der Juniorchef der Fleischmaschinenfabrik und gleichnamige Sohn Richard Heikes. Der 1903 geborene Ingenieur kam in das so genannte Speziallager in Mühlberg, von wo aus er im Februar 1947 in die Sowjetunion deportiert wurde. Dort starb er am 7. Juli 1949 in einem Zwangsarbeitslager im Ural. Auch der Geschäftsführer des Abbruchunternehmens in der Genslerstraße 17/18 Moritz Barth kam in NKWD-Gewahrsam, nachdem er beschuldigt worden war, Juden bei der Gestapo angezeigt zu haben.

Parallel zu den Verhaftungen errichtete das NKWD in Hohenschönhausen ein militärisches Sperrgebiet und ein Lager. Der Leiter der Abteilung Speziallager bei der 1. Weißrussischen Front, Oberst Michail E. Swiridow, befahl Mitte Mai, das Speziallager Nr. 3 zu etablieren. Ein NKWD-Kommando unter dem zukünftigen Lagerchef Major Smaroda besetzte daraufhin das Gelände der Großküche und der beiden nationalsozialistischen Zwangsarbeitslager in der Genslerstraße 66–67. Bei der Wahl dieses Standorts spielten vermutlich mehrere Faktoren eine Rolle. Für das Areal sprach die günstige Eisenbahnanbindung, da der Hohenschönhausener Industriebahnhof in unmittelbarer Nähe lag. Außerdem befand sich das Gelände relativ isoliert am Berliner Stadtrand und abseits von großen Wohngebieten. Die vorhandenen Baulichkeiten waren zudem ohne größeren Aufwand umzunutzen.

Die Absperrung der Genslerstraße und die erforderlichen Umbauarbeiten führten

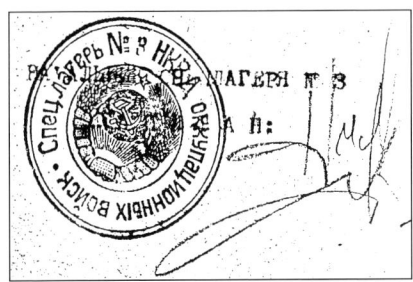

ab dem 7. Juni 1945 insgesamt 110 Internierte durch. Sie wurden zu diesem Zweck aus dem sowjetischen Speziallager Landsberg/Warthe im heutigen Polen nach Hohenschönhausen gebracht. Auf Befehl des Hohenschönhausener Ortskommandanten zog man außerdem deutsche Handwerker für Umbauten und Reparaturen heran. Nach den Bombenschäden und den Plünderungen zu Kriegsende mussten in allen Gebäudeteilen die Fensterscheiben ersetzt werden. Die Glaserarbeiten und dazugehörigen Materiallieferungen umfassten vier Fünftel der überlieferten Baukostenrechnung von 4492,65 Mark. Die eigentliche Belegung des Speziallagers Nr. 3 mit Häftlingen aus Berlin und Umgebung begann dann Ende Juni 1945.

Die Wachmannschaft des Lagers wurde vermutlich zunächst in den Räumlichkeiten des Asid Serum-Instituts untergebracht. Am 17. Juni 1945 betranken sich diese Konvoitruppen mit Methylalkohol, was schwerwiegende Folgen hatte: 27 Personen, darunter sechs Gefangene, mussten mit schweren Vergiftungserscheinungen in das Militärhospital in der Küstriner Straße eingeliefert werden, fünf Rotarmisten starben.

Mit der Einrichtung des Speziallagers wurde auch das hinter dem Industriebahnhof Hohenschönhausen gelegene Grundstück (Gärtnerstraße 19–26/Ferdinand-Schulze-Straße 95–99) einer zivilen Nutzung entzogen. An dieser Stelle entstand ein Wirtschaftshof, auf dem ehemalige sowjetische Kriegsgefangene Kühe, Pferde, Schweine und Schafe zur Versorgung des Lagerpersonals hielten. Außerdem wur-

den hier die verstorbenen Gefangenen begraben.

Gemeinsam mit deutschen Verwaltungsorganen bemühten sich einige Firmeneigner und Belegschaften in dieser Zeit darum, die Betriebe des Industriegebiets vom Kriegsschutt zu befreien. Die Produktion sollte – den aktuellen Bedürfnissen angepasst – wieder aufgenommen werden. Das NKWD verfolgte jedoch andere Pläne. Vermutlich in der zweiten Junihälfte des Jahres 1945 entschied der Bevollmächtigte des NKWD in der SBZ, Generaloberst Iwan A. Serow, das Sperrgebiet zu vergrößern. Im Bereich Freienwalder/Genslerstraße sollten ein Haftarbeitslager (HAL) sowie die ihm unmittelbar unterstehende Abteilung Speziallager untergebracht werden, die bis dahin in Fürstenwalde ihren Sitz hatte. Diese Abteilung war zuständig für sämtliche sowjetische Internierungslager in Deutschland. Bereits Anfang Juli nahm sie in Hohenschönhausen ihre Arbeit auf. Die Büros und das der Abteilung zugeordnete Archiv fanden im Verwaltungsgebäude der ehemaligen Firma Neuendorf in der Genslerstraße 69–72 Unterkunft. Gleichzeitig begann die Vertreibung von ca. 200 Eigentümern und Mietern aus den Siedlungshäusern in der Lichtenauer und Lössauer Straße.

Mitte Juli 1945 ordnete Generalmajor Aleksej M. Sidnew, Leiter der zum NKWD-Apparat gehörenden Operativen Abteilung in Berlin, die Einrichtung eines Haftarbeitslagers an, das beschönigend als »Industriekombinat« bezeichnet wurde. Die »Heike-Fabrik«, vier weitere Betriebe in ihrem Umfeld und der von der Roten Armee besetzte Sammelplatz der Wehrmacht für militärisches Beutegut wurden dafür beschlagnahmt. Die Betriebe wurden, zum Teil von Häftlingen des Speziallagers Nr. 3, ausgeschlachtet und demontiert. Bis März 1946 integrierte man sie Schritt für Schritt in das Sperrgebiet. Im Juni/Juli 1946 musste auch die Firma Asid ihre Gebäude räumen, die ebenfalls von der Abteilung Speziallager übernommen wurden. Die Grundstücke wurden

»Iwan der Schreckliche«

Oberster Herr des Repressionsapparates in der SBZ war Generaloberst Iwan Alexandrowitsch Serow. Der 1905 geborene Russe war 1926 in die kommunistische Partei und zwei Jahre später in die Rote Armee eingetreten. Im Alter von dreißig Jahren wurde er an die Generalstabsakademie entsandt und gehörte alsbald zu den aufstrebenden jungen Kadern der KPdSU.

1939 trat er als Kommissar der Staatssicherheit III. Ranges dem NKWD bei und wurde kurz darauf Volkskommissar für Inneres und Mitglied des Politbüros der Ukraine. Dort machte er sich vor allem einen Namen bei der blutigen Eingliederung der 1939 von der Sowjetunion annektierten Gebiete Polens und der baltischen Staaten. Unter seiner Aufsicht wurde ein großer Teil der nationalen Führungsschicht ermordet oder in Arbeitslager verschleppt. Als stellvertretender Volkskommissar für Staatssicherheit bzw. Inneres der UdSSR organisierte er nach dem deutschen Angriff auf die Sowjetunion im Juni 1941 auch die Deportation der Wolgadeutschen nach Osten, die kollektiv als Verräter galten. Im Oktober ernannte ihn Stalin dann zum Chef der Moskauer Verteidigungszone. 1943/44 führte er die Deportation der kaukasischen Völkerschaften, Kalmücken und Krimtataren durch. Nach der Rückeroberung der Ukraine, Polens und des Baltikums war Serow dort zum zweiten Mal für den NKWD im Einsatz und organisierte neuerliche Deportationen. Im Januar 1945 wurde er schließlich NKWD-Bevollmächtigter bei der 1. Weißrussischen Front und damit verantwortlich für die »Säuberung des Hinterlandes« beim Vormarsch auf Berlin.

Nach der deutschen Kapitulation wurde Serow zum Herrn über alle sowjetischen Sicherheitsdienste in Deutschland. Als stellvertretender Chef der sowjetischen Militäradministration für Deutschland (SMAD) für Zivilangelegenheiten und NKWD-Bevollmächtigter in der sowjetischen Besatzungszone war er nicht nur für die drei Geheimdienste NKWD, NKGB und Smersch verantwortlich, sondern auch für sämtliche Lager und Gefängnisse. In der Berliner Militärverwaltung wurde er deshalb zuweilen auch »Iwan der Schreckliche« genannt.

1947 wurde Serow Stellvertretender Innenminister der UdSSR, behielt aber seine Funktionen in Deutschland bei. 1954 rückte er an die Spitze des Komitees für Staatssicherheit (KGB) und beteiligte sich 1956 an führender Stelle an der Niederschlagung des Ungarn-Aufstands. 1958 wurde er Chef der sowjetischen Militäraufklärung (GRU) und stellvertretender Chef des Generalstabs der sowjetischen Streitkräfte.

In den sechziger Jahren begann der Abstieg des Massenmörders. Nach der Flucht eines hochrangigen GRU-Mitarbeiters ins »feindliche Operationsgebiet« wurde Serow zum Generalmajor degradiert und – nach einer Abordnung zum Gehilfen des Befehlshabers des Militärbezirks Turkestan – am 1. September 1965 in den Ruhestand versetzt. Im selben Jahr folgte der Ausschluss aus der KPdSU wegen »Verletzung der Rechtsstaatlichkeit während seiner Tätigkeit in Deutschland«. Serow starb am 1. Juli 1990 in Moskau, ohne jemals strafrechtlich zur Rechenschaft gezogen worden zu sein.

mit Maschen- und Stacheldraht von der Außenwelt abgeschirmt. Wie schon bei der Einrichtung des Speziallagers benutzte das NKWD dafür die Lagerbestände der Drahtfabrik Josef Berthoty in der Genslerstraße 13 – auch diese lag nun im Sperrgebiet.

Ausgehängte Fenster und Zäune

Wie eben gemeldet wird, montieren die [sowjetischen] Soldaten die Wohnungen in der Lössauer Straße aus. Z.B.: Fensterrahmen werden ausgehängt, das Glas entfernt und die leeren Rahmen auf einen Haufen geworfen. Transportable Öfen und Kochherde werden ebenfalls abmontiert. Es wird sogar berichtet, dass sie hölzerne Treppen abmontieren. Diese Gegenstände werden angeblich zum Ausbau der Lichtenauer Straße gebraucht, dadurch werden bedauerlicherweise viele Wohnungen in der Lössauer Straße Wind und Wetter preisgegeben und auf die Dauer unbewohnbar. Vielleicht ist bei Verhandlungen mit dem Bezirkskommandanten Abhilfe möglich. – Die Firma Asid liegt an der Grenze des Konzentrationslagers und sollte jetzt durch Neuaufrichtung resp. Neuziehung eines Zaunes mit eingezogen werden. Wir sind beim Kommandanten vorstellig geworden, der uns versprach, die Durchführung zu inhibieren [= ihr Einhalt zu gebieten]. Die Firma Asid sieht sich andernfalls gezwungen, ihre Fabrikation nach dem amerikanischen Sektor zu verlegen.

Aus Berichten der Ortsamtstelle Hohenschönhausen an den Bürgermeister von Weißensee vom 18. Oktober und 7. Dezember 1945
Quelle: LAB, Rep. 148/1, Nr. 12 und 19.

Nach der Erweiterung des Sperrgebiets befanden sich der Haupteingang und die Straßenzufahrt in der Freienwalder Straße. Kurz hinter der Goeckestraße standen ein Schlagbaum und ein Wachturm, bewacht durch Militärposten. Das Gittertor, an dem es anfangs noch flüchtige Kontakte zur Außenwelt gab, war bereits im Laufe des Sommers 1945 mit Brettern vernagelt worden.

Im Oktober 1946 befahl Serow, die Häftlinge des Speziallagers Nr. 3 in das ehemalige Konzentrationslager Sachsenhausen zu überführen. Das Gelände in der Genslerstraße 66–67 übergab er an das sowjetische Ministerium für Staatssicherheit (MGB). Dieses ließ die verbliebenen Baracken der NS-Kriegsgefangenen- und NS-Zwangsarbeitslager abreißen und in der ehemaligen Großküche das zentrale Untersuchungsgefängnis für Deutschland einrichten. Die ab Sommer 1945 hinzugekommenen, teilweise provisorischen Baulichkeiten des Speziallagers wie die Latrine oder die Quarantänebaracke wurden beseitigt. Der neu geschaffene fensterlose Zellentrakt im Keller des Küchenbaus, das so genannte »U-Boot«, wurde im Frühjahr 1947 erstmals mit Häftlingen belegt.

Die Etablierung der Untersuchungshaftanstalt führte zu einer weiteren Vergrößerung des Sperrgebiets. Das MGB-Personal benötigte Wohnraum und Stellflächen für seine Dienstfahrzeuge. Hinzu kamen 1947/48 Gebäude und Grundstücke an der westlichen Seite der Große-Leege-Straße, zwischen Wriezener und Bahnhofstraße. Das MGB okkupierte Unterkünfte von etwa sechzig Mietparteien, das Garagen- und Gewerbegebiet von Ludwig Winterberg in der Schöneicher Straße sowie ein teilweise brachliegendes Ruinengrundstück des Schulamts in der Freienwalder Straße 6a–8. Wie sich im Frühsommer herausstellte, bauten die sowjetischen Soldaten auf dieser Freifläche Gemüse und Kartoffeln an. Neben dem Wirtschaftshof hinter der Bahnhofstraße verfügte das Sperrgebiet damit über eine weitere Selbstversorgungseinrichtung. Ab etwa 1947 gehörte auch die Fabrikanlage der Firma Richard Thiele in der Goeckestraße 39 zur Geheimzone.

Am 16. Juni 1947 wurde auch die Kleinbahn durch das Hohenschönhausener Industriegebiet unterbrochen. Ein Schlagbaum und ein Eisentor versperrten nun auf beiden Seiten das über das Territorium des Sperr-

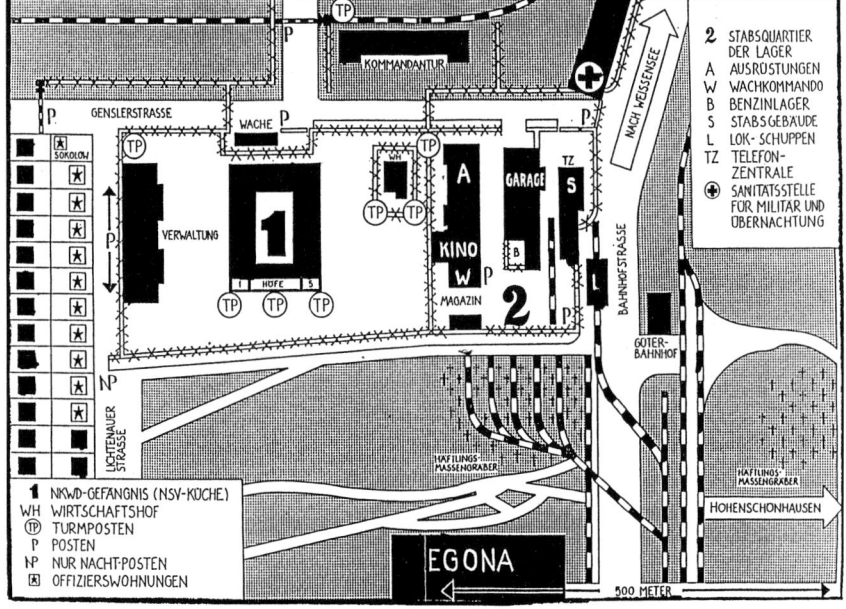

gebiets verlaufende Stichgleis. Die Werkan-schlüsse der südlich der Freienwalder Straße gelegenen Firmen – wie z.B. »Reiser« und »Barth« in der Genslerstraße 15 bzw. 17/18 – konnten nicht länger von der Industrie-bahn Tegel – Friedrichsfelde bedient werden. Vermutlich im Oktober 1948 wurde auch die Große-Leege-Straße abgeriegelt, und zwar auf der Höhe der Wriezener Straße sowie vor dem Eingang zur Fabrik Kahl-baum, die zu diesem Zeitpunkt eine so-wjetische Aktiengesellschaft war. Deutschen Zivilisten war das Passieren der Straße untersagt.

Mit den Beschlagnahmungen 1947/48 fand die territoriale Ausweitung des Sperr-gebiets seinen Abschluss. Zu diesem Zeit-punkt waren nach Angaben des Bezirksam-tes Weißensee fast 108 000 Quadratmeter Gewerbefläche besetzt.

Obgleich der sowjetische Geheimdienst von Anfang an die Sperrzone hermetisch abriegelte, gab es anfangs noch einzelne Kontakte mit der Außenwelt. Speziallager-häftlinge versuchten z.B. im Sommer und Herbst 1945 ihre Angehörigen mit Kassibern über ihren Verbleib und ihre gegenwärtige

Situation zu informieren. Die Ehefrauen und Mütter bemühten sich wiederum, die Ver-bindungen aufrechtzuerhalten und die Män-ner mit Essen und Kleidung zu versorgen. Bei entsprechender Beharrlichkeit der Frau-en und ausreichender Gutmütigkeit oder Bestechlichkeit des Wachpersonals waren in Ausnahmefällen auch ein Blickkontakt oder ein kurzes Gespräch am Sperrzaun möglich. Zivilarbeiter des Wirtschaftshofes und Offiziere aus dem Speziallager trans-portierten mitunter sogar Nachrichten oder Pakete. Den meisten Insassen des Spezialla-gers gelang es jedoch nicht, Informationen nach draußen zu schicken – sie blieben für ihre Angehörigen monate- oder jahrelang verschollen.

Nur einmal, am 16. September 1945, öff-neten sich für einen kurzen Moment die Lagertore. Aus unbekannten Gründen hat-ten sich die Verantwortlichen entschlossen, einen Besuch durch Angehörige zuzulassen. Manche hatten davon durch Mundpropa-ganda erfahren. Vor der Zufahrt in der Frei-enwalder Straße versammelte sich jeden-falls eine große Menschenmenge, haupt-sächlich Frauen mit Kindern. Stundenlang

Begegnung am Lagertor

Vor uns liegt im Nebel ein großer Fabrik-komplex, umgeben von einem hohen Ei-senzaun. Am Eingang rechts und links Bretterbuden, davor russische Posten. Eine Gruppe wartender Frauen steht etwas entfernt, fröstelnd zusammenge-drängt. Als sie mich erkennen, kommen sie mir entgegen, begrüßen mich und fra-gen, ob ich Hoffnung hätte, meinen Mann zu sehen – und ob ich ein Zettel-chen, ein Päckchen oder ein Kleidungs-stück an ihn weitergeben könne. [...] Es dunkelt schon. Man kann nicht zehn Meter weit sehen, und Götz zittert ein bisschen. Er ist aufgeregt. Er soll seinen Vater wiedersehen, der im Juni das Haus verließ und nicht wiederkam. Ich habe ihn nie zum Lager mitgenommen, sein Vater wollte es so. Warum aber heute?
Da – wie aus dem Erdboden taucht er auf! Mit weit ausholendem Schritt kommt er auf uns zu. Der Kleine fliegt an seinen Hals. – In fünf Minuten sagen wir uns das Wichtigste und wechseln unsere Briefe. Wir kümmern uns um die Wünsche der Frauen, die uns umdrängen. Dann ein Händedruck, und er geht zurück.

Bericht der Schauspielerin Berta Drews über die letzte Begegnung zwischen Götz und Heinrich George am Lagertor in Berlin-Hohenschönhau-sen am 6. Dezember 1945
Quelle: Berta Drews: Wohin des Wegs. Erinne-rungen. München 1987, S. 246–249.

wurden die Namen der sich im Lager befin-denden Gefangenen aufgerufen. Die Ange-hörigen konnten dann einzeln die Sonder-zone betreten und bis zur Genslerstraße vor-gehen, während die Häftlinge blockweise und in Sechserreihen formiert anmarschie-ren mussten. Unmittelbar vor dem eigentli-chen Lager fanden – häufig unter Tränen – die kurzen Begegnungen statt.

In der Hoffnung, wenigstens einen Blick oder ein anderes Lebenszeichen zu erha-schen, versammelten sich die Angehörigen der Gefangenen auch in den folgenden Ta-gen und Wochen vor der Zufahrt ins Sperr-gebiet. Manche mögen auch einen weiteren »Besuchstag« erwartet haben. Die Bewoh-ner des Hauses Freienwalder Straße 20 beschwerten sich am 6. Oktober 1945 auf dem 287. Polizeirevier in der Schöneicher Straße 3–4, dass vor ihrem Haus täglich An-sammlungen von Privatpersonen stattfän-den, die ihre Angehörigen in dem russischen Auffanglager Genslerstraße besuchen woll-ten. »Dadurch ist unser Haus ein ständiger Unruheherd geworden. Die Frauen versu-chen, sich beim Nahen des russischen Pos-tens in dem Hause zu verstecken. Die ge-samte Mietschaft bittet um Abhilfe, da sie durch den dienstlichen Zugriff von Streifen der Roten Armee gegen Nazi-Frauen Ge-fahren für sich befürchten.«

Zu einem zweiten »Besuchstag« ist es nicht gekommen. Nachdem einigen Gefangenen aus dem Speziallager und dem benach-barten Haftarbeitslager die Flucht gelungen war, wies der Leiter der Abteilung Spezial-lager, Oberst Swiridow, das Wachpersonal am 26. November 1945 an, die Bewachung zu verstärken. Die wenigen noch vorhan-denen »Freizügigkeiten« hinsichtlich der Be-wegungsfreiheit der Gefangenen und Kon-taktmöglichkeiten nach draußen wurden abgeschafft.

Trotz weitgehender Selbstversorgung und verschärfter Isolierung war das Sperrgebiet jedoch kein autarkes Gebilde. Bei der Belie-ferung mit Elektrizität, Wasser und Bauma-terialien blieb es auf die kommunalen Ver-waltungsstrukturen angewiesen. Vertretern deutscher Dienststellen und Firmen wurde allerdings nur selten – z.B. bei dringenden Reparaturen oder Havarien – der Zugang ins Sperrgebiet gewährt.

Erst 1949 wurde die Abschottung gelo-

▷ Das Sperrgebiet auf
dem Ausschnitt einer
sowjetischen Luftbild-
aufnahme (Anfang der
fünfziger Jahre)

ckert. Nach der Auflösung des HAL Ende 1948/Anfang 1949 und der Einbeziehung seines Territoriums in den sowjetischen Verwaltungsdienst erhielten Angestellte der Berliner Wasserwerke und der Müllabfuhr sowie Mitarbeiter einzelner deutscher Handwerksbetriebe Zugang zu diesem Teil des Geländes.

Nach der Gründung der DDR am 7. Oktober 1949 begann für das Sperrgebiet in Hohenschönhausen eine neue Phase. Die sowjetische Besatzungsmacht verkleinerte Schritt für Schritt ihren Verwaltungsapparat, einschließlich ihrer in Deutschland operierenden Sicherheitskräfte. Am 5. November 1949 ersetzte die Regierung der UdSSR die SMAD durch die weniger direkt auftretende Sowjetische Kontrollkommission (SKK). In Berlin wurden viele Objekte aufgegeben; die verbliebenen Einrichtungen konzentrierten sich im Hauptquartier in Berlin-Karlshorst. Nach der Schließung der Lager stellte auch die zuständige Abteilung in Hohenschönhausen im April 1950 ihre Tätigkeit ein. Im Juli löste das sowjetische Ministerium für Staatssicherheit seine Operative Abteilung in Berlin auf. Im Frühjahr 1951 gab die Sowjetunion das Sperrgebiet ganz auf. Zu diesem Zeitpunkt hatte das Areal seine Bedeutung als Standort der sowjetischen Polizei- und Geheimdienstorgane bereits weitgehend eingebüßt.

Die Verfolgung politischer Straftaten war damit freilich nicht zu Ende. Verantwortlich wurde dafür vielmehr nach und nach das DDR-Ministerium für Staatssicherheit (MfS). Es war im Februar 1950 offiziell gebildet worden und sollte nun die Aufgaben der sowjetischen Sicherheitsorgane übernehmen. Für die Unterbringung seiner Untersuchungsgefangenen und weiterer logistischer Einrichtungen benötigte es bald ebenfalls entsprechende Kapazitäten. Mit Wirkung vom 1. März 1951 übergab die SKK deshalb das Sperrgebiet in Hohenschönhausen an die DDR-Regierung, die es bald darauf dem Staatssicherheitsdienst zur Verfügung stellte.

Unter Verwaltung der Staatssicherheit (1951–1990)

Das MfS übernahm das Areal etwa im Frühsommer 1951. Der Gefängnisbau in der Genslerstraße 66 diente jetzt als zentrale Untersuchungshaftanstalt (UHA) des DDR-Staatssicherheitsdienstes, und in die ehemaligen Büros der sowjetischen Vernehmer und Bewacher zogen die entsprechenden MfS-Mitarbeiter. Neben der seit Oktober 1951 von Oberkommissar Hans Bialas geführten UHA residierten auf dem Gelände der ehemaligen Großküche auch die Leitungen und ein Großteil der Mitarbeiter der MfS-Abteilungen XIV und IX, die für Untersuchungshaft und Strafvollzug bzw. für alle Arten strafrechtlicher Untersuchungen zuständig waren.

Zu diesem Zeitpunkt war der Staatssicherheitsdienst noch im Aufbau begriffen. Er wurde von sowjetischen Instrukteuren, ab Mitte 1952 von so genannten Beratern unmittelbar angeleitet. Deshalb arbeiteten in den fünfziger Jahren in Hohenschönhausen nicht nur MfS-Angehörige, sondern auch eine unbekannte Zahl sowjetischer Geheimdienstmitarbeiter. Sie hatten Zugang zu allen Unterlagen und waren den Mitarbeitern des MfS gegenüber weisungsberechtigt.

Der sowjetische Staatssicherheitsdienst MGB kontrollierte insbesondere die Ermittlungsarbeit des MfS. Die bedeutenden Fälle bearbeiteten die Instrukteure selbst. Bis 1953 führten sie auch Verhöre durch und konnten die sie interessierenden Häftlinge jederzeit in das sowjetische Untersuchungsgefängnis nach Berlin-Karlshorst überführen lassen. Viele der verhafteten Personen nahmen das Gefängnis in Hohenschönhausen daher als gemeinsame Einrichtung von MfS und MGB wahr.

Bis 1952 ließ der sowjetische Geheimdienst in Hohenschönhausen auch Gefangenentransporte in die UdSSR zusammenstellen, zunächst am Betriebsanschluss in der Genslerstraße 69–72, dann auf den Gleisen

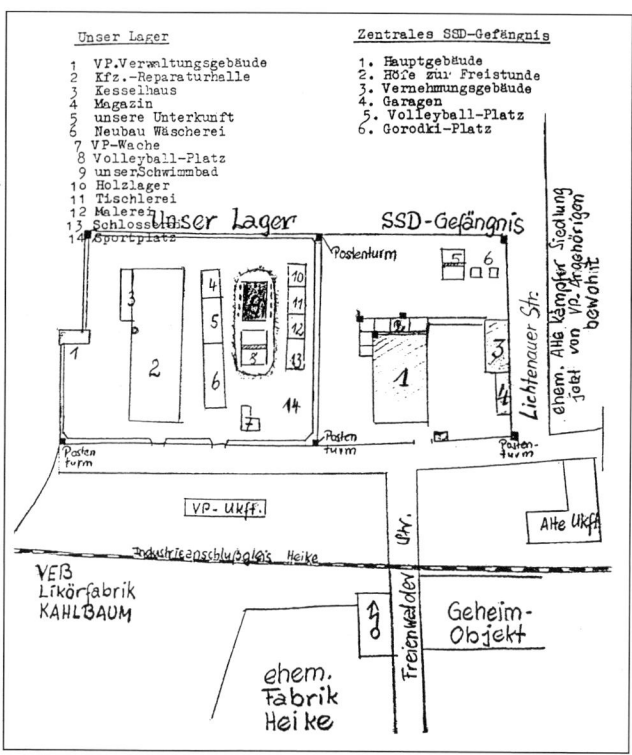

*Lageplanskizze von
Werner Sauerzweig,
Häftling im Lager X
(1954)*

zone zu fahren und für die am Stichgleis noch existierenden Betriebe Transportaufgaben zu erfüllen.

Die Gebäude des Sperrgebiets befanden sich bei ihrer Übernahme durch das MfS in einem maroden Zustand. Ein Großteil der Nutzbauten, insbesondere der Wohnhäuser, war durch den monatelangen Leerstand stark verwahrlost oder infolge der Plünderungen durch abziehende sowjetische Geheimdiensteinheiten unbrauchbar geworden. Mit Ausnahme der Untersuchungshaftanstalt, die offensichtlich »bei laufendem Betrieb« an das MfS übergeben wurde, mussten die Objekte erst wieder funktionsfähig gemacht werden. Für die umfangreichen Reparaturen und Renovierungsmaßnahmen sowie für Um- und Neubauprojekte setzte das MfS Strafgefangene aus Zuchthäusern der DDR ein. Ab Dezember 1952 wurden sie in einem Haftarbeitslager, dem Lager X in der Genslerstraße 69–72, untergebracht.

Nachdem die Arbeiten beendet waren, zogen weitere Einheiten der Staatssicherheit in das Sperrgebiet. Die meisten Gebäude nahm die spätere Hauptabteilung Personenschutz (PS) in Beschlag, deren Personalbestand schnell expandierte. Ihre Leitung residierte bis zu ihrer Verlegung nach Berlin-Weißensee im Bürogebäude der ehemaligen »Heike-Fabrik« in der Freienwalder Straße 17–19. Auf der gegenüberliegenden Straßenseite, im Gebäudekomplex mit den Hausnummern 9–12, in dem einst die Aachener Spiegelmanufaktur produziert hatte, waren Diensteinheiten untergebracht, die Geheimdienstzubehör und -gerätschaften entwickelten.

Seit etwa 1952 saß im Sperrgebiet auch das »Hirn« des Staatssicherheitsdienstes: die Abteilung XII (Auskunft/Erfassung/Statistik) mit der zentralen Personenkartei und dem angeschlossenen Archiv. Den Grundstock des zukünftigen Zentralarchivs des MfS bildeten Aktenüberlieferungen der politischen Polizei (Kommissariat 5) in der sowjetischen Besatzungszone. Zwischen

des Industriebahnhofs. Zusammengepfercht in Wagen, die nach außen als blaue Postwaggons getarnt waren, traten zahlreiche verurteilte Deutsche, aber auch abgestrafte Angehörige der Sowjetarmee von hier aus ihren Weg in die Zwangsarbeitslager des GULag an.

Die Grenzen des Sperrgebiets blieben in dieser Zeit nahezu unverändert. Ausgegliedert wurde nur das Grundstück der ehemaligen AG für Rostschutz in der Bahnhofstraße 7–9. Die Sonderzone umfasste nun Flächen und Gebäude in der Freienwalder Straße 6–23, Genslerstraße 13–17 und 66–72, Goeckestraße 39–42, Große-Leege-Straße 17a–25 und 95–96, Lichtenauer Straße 2–24, Schöneicher Straße 8–11b sowie in der Wriezener Straße 10–11. Die entsprechenden Straßen blieben weiterhin mit Holzzäunen bzw. Schlagbäumen abgeriegelt und für den öffentlichen Durchgangsverkehr gesperrt. Nur die Industriebahn erhielt wieder die Erlaubnis, bei Bedarf durch die Sonder-

Äußerer Holzzaun des
Sperrgebiets (1956)

1951 und 1959 trafen zudem aus der UdSSR zurückgeführte Unterlagen aus der NS-Zeit in Eisenbahnwaggons ein. Das Aktenmaterial wurde zunächst in dem Gebäude der ehemaligen Drahtfabrik Berthoty in der Genslerstraße 13 untergebracht, wo auch der kleine Mitarbeiterstab aus sechs Männern und zwei Frauen unter Leitung von Hauptmann Lieselotte Behrendt saß. Anfang der sechziger Jahre zog das Archiv dann in die ehemalige »Heike-Fabrik« um.

Unter der Ägide des Staatssicherheitsdienstes expandierte das Sperrgebiet in den fünfziger und sechziger Jahren vor allem in Ost-West-Richtung. Das Areal zwischen Industriebahnhof und Lichtenauer Straße wurde bis an den Arendsweg ausgeweitet. Zwischen 1959 und 1961 entstand hier u.a. ein komplett neues Untersuchungsgefängnis.

Die Vorbereitungen für den Gefängnisneubau im Sperrgebiet von Hohenschönhausen begannen etwa 1955. Auslöser für

die Entscheidung waren wahrscheinlich die Erfahrungen beim Volksaufstand vom 17. Juni 1953. Damals waren in der DDR innerhalb weniger Tage über 13 000 Menschen verhaftet worden, deren sichere Verwahrung große Schwierigkeiten bereitete. Die Zellen im »U-Boot« und den anderen Untersuchungsgefängnissen der Staatssicherheit reichten bei weitem nicht aus, sodass die Haftanstalten schrittweise erweitert wurden.

Als Standort für das neue Gefängnis in Hohenschönhausen war eine hinter dem »U-Boot« gelegene Fläche vorgesehen, die bis dahin vom MfS als Garten- und Sportanlage genutzt wurde. Am 25. November 1955 lag darüber ein positives Baugrundgutachten der Staatlichen Geologischen Kommission der DDR vor. Das Vorhaben durchlief sodann verschiedene Projektierungsphasen. Erste detaillierte Konstruktionszeichnungen für den Neubau – intern als »HV-Erweiterung« bezeichnet – erstellte 1956/57 der Baustab 114 des benachbarten Arbeitsla-

Eingangsschleuse des Gefängnisses (Aufnahme vom November 1990)

der Mitte vorgesehen. Neben technischen Anlagen, Verwaltungs- und Wirtschaftsräumen sowie Sanitär- und Versorgungseinrichtungen im Keller und im Erdgeschoss zeigten die Bauzeichnungen in allen Gebäudeflügeln ausschließlich Zellen. Im südlich gelegenen Gebäudeteil sollte auch der Keller mit Häftlingen belegt werden.

1958 entschieden sich die MfS-Verantwortlichen dann für ein Gebäude mit drei oberirdischen Nutzetagen, das sich in einen Zellen- und einen Vernehmertrakt gliederte. Ursprünglich sollten die Bauarbeiten bereits 1957 beginnen, tatsächlich verzögerte sich der Beginn jedoch bis in die erste Hälfte des Jahres 1959. Ausgeführt wurde der Bau von zuletzt 250 Häftlingen aus dem Lager X. Auch während der Arbeiten kam es immer wieder zu Veränderungen an der Planung. Nicht ausgeführt wurde z.B. die im Plan von 1959 vorgesehene Gärtnerei mit Gewächshäusern, die am Arendsweg an der Ecke zur Lichtenauer Straße liegen sollte. Auch die Freiganganlage im Innenhof des Gefängnisses wurde nie realisiert.

gers X. Das Gebäude wies im Entwurf bereits die spätere rechteckige U-Form auf, war aber zunächst nur zweistöckig angelegt. Der Nord- und der Südflügel sollten über Gänge im Keller und im Obergeschoss mit dem bisherigen Gefängnis in der ehemaligen NSV-Großküche verbunden werden. Im Innenhof war eine sternförmige Freigangzellenanlage mit einem Postenstand in

Auf dem Areal in Richtung Arendsweg entstand darüber hinaus in der ersten Hälfte

Kontrollraum im Nordflügel des Gefängnisses (Aufnahme vom November 1990)

Alltag in der Zelle

Morgens um 5.00 Uhr war Wecken. Wir mussten runter von den Pritschen, dann wurde eine Waschschüssel in die Zelle gegeben. Danach wurde die Klappe geöffnet und es kam ein Schlauch mit Wasser, das wir in der Schüssel auffangen mußten. Morgens wurde eine Blechschüssel mit den Margarine- oder Marmeladenstullen durch die Klappe gereicht, mittags die Schüssel mit der Suppe, abends wiederum vier magere Stullen. Die Zelle war trist und grau, die Fenster mit Glasbausteinen zugemauert. Man konnte das Fenster nicht öffnen und hatte keinen Ausblick nach draußen. Es gab nur eine Lüftungsklappe. Während meiner Untersuchungshaft bestand tagsüber absolutes Liegeverbot, absolutes Schreibverbot und absolutes Leseverbot.

Sigrid Paul, geschiedene Rührdanz, wurde im Februar 1963 wegen so genannter Fluchthilfe festgenommen und war bis August desselben Jahres in Berlin-Hohenschönhausen in Untersuchungshaft. *Quelle: Maria Nooke: Der Verratene Tunnel. Geschichte einer verhinderten Flucht im geteilten Berlin. Bremen 2002, S. 99.*

der sechziger Jahre ein Reparaturbereich für Lastkraftwagen und Busse. In zwei L-förmig angeordneten Sheddachhallen sollten Häftlinge des Lagers X die Arbeiten ausführen. Für die Wärmeversorgung des Sperrgebiets ließ die MfS-Hauptabteilung Verwaltung und Wirtschaft östlich vom Haftarbeitslager ein Ölheizwerk mit zweigeschossigem Kesselhaus und fünfzig Meter hohem Schornstein bauen. Die Tankbehälter wurden über ein Eisenbahngleis mit Heizöl versorgt. Mitte der sechziger Jahre wurde schließlich noch der kleine Wohnbereich auf der südlichen Seite der Lichtenauer Straße ausgeweitet. Das MfS gliederte hier weitere vier Grundstücke (Nr. 26–32) in das Sperrgebiet ein.

Zur Unterbringung ihrer zahlreichen Mitarbeiter ließ die Staatssicherheit im westlichen Teil des Sperrgebiets mehrere Neubauten errichten. In der Goeckestraße 40–42 und im Umfeld der Große-Leege-Straße 20–25 bauten Häftlinge des Lagers X von 1953 bis 1958 sechs Gebäude mit 230 Wohnungseinheiten. Ende der fünfziger Jahre gliederte das MfS jedoch sämtliche Miethäuser in der Goeckestraße und westlich der Große-Leege-Straße sowie den Garagenkomplex in der Schöneicher Straße wieder aus der Sonderzone aus. Dies geschah aus

verwaltungstechnischen und sicherheitstaktischen Erwägungen, denn in den Häusern wohnten auch Familienangehörige, die regelmäßig zur Schule oder zur Arbeit mussten. Die Sperrmaßnahmen und Verbote für den Durchgangsverkehr wurden in diesem Bereich zum größten Teil wieder aufgehoben.

Die Architektur des MfS war in den siebziger Jahren – wie überall in der DDR – von Plattenbauten aus Betonfertigteilen und Hallenkonstrukten geprägt. Innerhalb des Sperrgebiets entstanden entsprechende Bauten z.B. 1972/73 in der Freienwalder Straße 14 für die Abteilung N (Nachrichten) und in der Genslerstraße 13 für den Operativ-Technischen Sektor (OTS). Häftlinge aus dem Lager X waren nun nicht mehr an der Bauausführung beteiligt. Diese Aufgabe übernahm zunächst der ministeriumseigene VEB Montage-Bau Berlin (MBB) und ab 1975 der VEB Spezialhochbau Berlin (SHB).

Die Hauptabteilung IX, verantwortlich für strafrechtliche Untersuchungen, war bis dahin zum großen Teil mit der für die MfS-Gefängnisse zuständigen Abteilung XIV in der ehemaligen Großküche untergebracht. 1973 bezog sie einen neuen Dienstsitz in der Lichtenauer Straße, ein sechsstöckiges Gebäude (Haus 50 B) mit zahlreichen Bü-

*Materiallagerplatz der
Verwaltung Rückwärtige
Dienste in der Freien-
walder, Ecke Große-
Leege-Straße (April 1976)*

ros und einer eigenen Kantine. In den folgenden Jahren expandierte die Ermittlerab-
teilung weiter und bezog in diesem Gebiet
noch mehr Gebäude.

In der ersten Hälfte der siebziger Jahre
wuchs das Sperrgebiet auch an anderer
Stelle. Der steigende Bedarf an Geheim-
dienstmitteln und -gerätschaften führte zu
einem weiteren Ausbau des dafür zuständigen OTS. Zudem wollte man die Außensicherung verbessern. Der Staatssicherheitsdienst beschloss deshalb, dem Sperrgebiet
einen Geländestreifen westlich der Genslerstraße 14–15 und 17 und einen Teil des
Grundstücks Goeckestraße 37–38 einzu-
verleiben. Die Hauptabteilung Verwaltung
und Wirtschaft konzipierte 1972 die Errichtung von mehreren Dienstgebäuden

*Stichgleis der Industrie-
bahn im Sperrgebiet
(April 1976)*

mit ca. 1000 Arbeitsplätzen, 1600 Quadrat-
metern Produktions- und 3000 Quadrat-
metern Lagerfläche. Außerdem war eine
»Vollküche für 2000 Essenportionen« zur
Versorgung der Mitarbeiter des gesamten
Sperrgebiets geplant. Voraussetzung war,
dass die ortsansässigen Betriebe und Anlagen verlagert und deren Flächen zur Verfügung gestellt würden. Für die Errichtung
der Gebäude einschließlich der erforderlichen Nebeneinrichtungen veranschlagten
die MfS-Planer rund achtzig Millionen
DDR-Mark. Mit der Vorbereitung eines Teils
der ingenieurtechnischen Versorgung (Wär-
me und Telefon) wurde begonnen.

Zu den Betrieben und Anlagen, deren
Verlagerung oder Demontage vorgesehen
war, gehörten auch die Gleisanlagen der
Industriebahn. Nach dem Bau der Berliner
Mauer hatte sich der Aktionsradius der
Industriebahn Tegel–Friedrichsfelde immer
mehr eingeengt. Im Juni 1965 war die Gü-
terabfertigung am Bahnhof Hohenschönhausen geschlossen worden. Anfang der
siebziger Jahre erwirkte das MfS den Ent-
zug der Betriebserlaubnis für die Werkan-
schlüsse hinter der Werneuchener Straße.
Die Direktion der Deutschen Reichsbahn
erwies sich jedoch als zäher Verhandlungs-
partner. Erst nach Anwendung des Geset-
zes zur Verteidigung der DDR vom 20. Sep-

tember 1961 konnten die Schienen und Wei-
chen zwischen Bahnhof- und Werneuchener Straße ab Ende der siebziger Jahre tatsächlich abgebaut werden. Am 31. Mai 1983
wurde das MfS schließlich als neuer Rechts-
träger für das Flurstück im Grundbuch ein-
getragen.

In den achtziger Jahren konzentrierten
sich die Neubauaktivitäten auf diese neu hin-
zugekommene Fläche. Entlang der ehemaligen Bahntrasse zwischen Gensler- und
Goeckestraße entstanden wie vorgesehen
eine Betriebskantine sowie Arbeitsräume
und Lagerflächen für den OTS. Ferner entstand ein Spezialgebäude für ein Rechenzentrum der Abteilung XIII (Zentrale Rechen-

station) bzw. der Hauptverwaltung Aufklärung (HV A).

Unter der Ägide des MfS kam es nicht
nur zu einer Ausweitung des Sperrgebiets
und zur Errichtung zahlreicher neuer Gebäude, auch die Außensicherung wurde
schrittweise perfektioniert. Die Sicherheits-
maßnahmen bewegten sich nach der Übernahme des Sperrgebiets 1951 noch auf
relativ primitivem Niveau. Die hölzernen
Sperranlagen und elektrischen Alarmvor-
kehrungen, die Drahtzäune und die Frei-
laufbereiche für Schäferhunde waren im
Wesentlichen darauf ausgerichtet, unbefug-
te Einzelpersonen am Betreten des Areals
zu hindern und Fluchtversuche der Gefan-

*Luftbildaufnahme
vom Sperrgebiet. Im
Vordergrund die beiden
Gebäude des Ledigen-
wohnheims (November/
Oktober 1988)*

Turmposten Nr. 5 an der Ecke Lichtenauer/ Genslerstraße (März 1988)

genen zu vereiteln. Auch das Wachpersonal war in erster Linie auf diese Aufgaben eingestellt. Eine Annäherung an das Objekt und seine Observierung waren jedoch in den fünfziger Jahren durchaus möglich, wie eine Reihe zeitgenössischer Fotoveröffentlichungen in der Bundesrepublik belegt.

Die Außensicherung des Geheimdienstkomplexes oblag anfangs einem Kommando des Wachregiments (WR) Berlin. Nur wenige MfS-Mitarbeiter im Sperrgebiet waren »ständige Waffenträger«. Bis zum Volksaufstand am 17. Juni 1953 hatte die Erstürmung von Parteizentralen, MfS-Dienststellen oder Untersuchungshaftanstalten außerhalb der Vorstellung der SED-Führung gelegen. Erst der Schock über die damaligen Proteste veranlasste die Verantwortlichen zu zusätzlichen Schutzmaßnahmen. Noch im Jahr des Aufstands wurde ein detaillierter Alarm- und Verteidigungsplan aufgestellt. Der Plan ging von drei Gefahrenstufen aus und legte fest, wie die Sicherheitskräfte bei »Provokationen schwerwiegender Art, bewaffneten Überfällen, versuchten oder ausgeführten Sabotageakten sowie bei anderen drohenden Gefahren« vorgehen sollten. Bei der

höchsten Alarmstufe (III) sollte von einer zentralen Befehlsstelle aus über vier Stützpunkte die Rundumverteidigung des gesamten Objekts organisiert werden. Darüber hinaus war vorgesehen, das Sperrgebiet Freienwalder/Genslerstraße im Ernstfall als Widerstandsknoten in ein Verteidigungssystem mit dem zweiten Sperrgebiet in Hohenschönhausen – dem Wohnbereich hoher MfS-Funktionäre am Ober- und Orankesee – einzubinden.

Die Vorkehrungen für den »S-Fall« wurden regelmäßig aktualisiert und den Gegebenheiten angepasst. Weiterhin ersetzte das MfS im Laufe der Zeit die hölzernen Zaunwände und Postentürme durch Anlagen aus Ziegel und Beton und ergänzte die elektrische Sicherungstechnik durch Beobachtungskameras.

Ein umfassendes Sicherheitskonzept für das Geheimdienstareal kam jedoch erst ab den sechziger Jahren zum Tragen. Dazu gehörten vor allem ein ausgeklügeltes Einlasssystem und eine konsequente Abkapselung der einzelnen Abteilungen innerhalb der Sonderzone. Das Konzept beinhaltete auch eine Sichtabschirmung und Vorfeldsicherung, um zu verhindern, dass das Sperrgebiet von außen beobachtet wurde. Zu diesem Zweck entstand in der Umgebung ein engmaschiges Netz von Wohn- und Dienstgebäuden des MfS. Dazu gehörten u.a. die Dienstwohnungen westlich der Große-Leege-Straße 17a–25, in der Goeckestraße 37a–42b und der Werneuchener Straße 21a–e sowie die beiden Ledigenwohnheime des MfS in der Genslerstraße 18 und der Werneuchener Straße 19. In der Große-Leege-Straße 97–98 grenzte der dem MfS-Versorgungsdienst unterstellte VEB Sicherheitstechnik direkt an das »Dienstobjekt Freienwalder Straße«.

Den nördlichen Teil des Abschirmungsrings bildeten der Gebäudekomplex in der Große-Leege-Straße 101–103 mit dem Leitungssitz der Verwaltung Rückwärtige Dienste (VRD) und das Werksgelände des VEB Spezialhochbau Berlin in der Gärtner-

straße 15–18. Der Baubetrieb des MfS verfügte außerdem über Unterkünfte und Werkstätten in der Genslerstraße 14–15 und 17. In südöstlicher Richtung, in der Lichtenauer Straße 42–50 und der Ferdinand-Schulze-Straße 55–71, hatten die Arbeitsgruppe XVII (Besucherbüro West-Berlin) und die Hauptabteilung XXII (Terrorabwehr) ihren Standort. Noch im Baustadium befand sich dort Ende der achtziger Jahre die neue Kreisdienststelle des MfS für den Stadtbezirk Hohenschönhausen.

Verantwortlich für die Außensicherung des Sperrgebietes war auch die Spionageabwehr. So erfasste die Hauptabteilung II/21 Personen, die in der Umgebung mit Fotoapparaten hantierten, und überprüfte die Handwerker, die in den Objekten Reparaturen vornehmen mussten. Ab den sechziger Jahren überwachte die Abteilung zudem die Bewohner in der Bahnhof- und Genslerstraße sowie in der Lichtenauer, Lössauer und Schleizer Straße. Besonders ausgeforscht wurden Personen, die »Westkontakte« hatten, also mit Bundesbürgern korrespondierten, nach Westdeutschland reisten oder von dort Besuch erhielten. Bei

»Republikflüchtigen«, die in den entsprechenden Straßenzügen gewohnt und illegal die DDR verlassen hatten, wurden nachträglich Ermittlungen eingeleitet. Bei ihren Erkundungen über die Anwohner konnte sich die Abteilung auch auf freiwillige Zuträger und Inoffizielle Mitarbeiter (IM) stützen.

Wenn im Umfeld des Sperrgebiets mehrstöckige Wohnbauten errichtet wurden, untersuchten die Spionageabwehrspezialisten, ob das Areal von dort einzusehen oder zu fotografieren war. Bei Gebäuden, bei denen dies möglich war, veranlassten sie über die Stadtbezirksverwaltung, dass diese als »zuzugsbeschränkt« eingestuft wurden. In die entsprechenden Etagen durften dann nur noch MfS-Mitarbeiter oder andere Vertrauenspersonen einziehen.

Weniger Handlungsmöglichkeiten gab es gegenüber den Aktivitäten der britischen, französischen und US-amerikanischen Militärmissionen. Ausgestattet mit Sondervollmachten, die aus dem alliierten Sonderstatus Berlins nach dem Zweiten Weltkrieg resultierten, konnten deren Mitarbeiter mit ihren Fahrzeugen bis unmittelbar an das

Sperrgebietsbegrenzung mit Beobachtungskamera in der Genslerstraße (März 1988)

Angehörige einer westlichen Militärmission in der Einfahrt zum Bereich Kfz-Dienste in der Bahnhofstraße (achtziger Jahre)

Sperrgebiet heranfahren und von dort aus Beobachtungen vornehmen und Fotos machen. Sie wurden dabei jedoch ihrerseits vom MfS überwacht, das an anderen Orten auch Unfälle provozierte, um die westlichen Beobachter abzuschrecken.

Um die Lücken im äußeren Sicherheitsring zu schließen, plante das MfS seit den siebziger Jahren, weitere Flächen in das Sperrgebiet Hohenschönhausen einzubeziehen. So wollte man beispielsweise auch die gesamte nördliche Seite der Lössauer Straße hinzunehmen. Diese und weitere Maßnahmen konnten jedoch nicht mehr umgesetzt werden, weil die Massenproteste der DDR-Bevölkerung der SED-Herrschaft 1989/90 ein unerwartetes Ende bereiteten.

Nach dem Mauerfall

Nach der Absetzung von Partei- und Staatschef Erich Honecker am 18. Oktober 1989 fasste die neue DDR-Regierung unter Hans Modrow zwei Beschlüsse, denen zufolge die politischen Gefangenen amnestiert werden sollten. Häftlinge, die wegen versuchter Republikflucht, staatsfeindlicher Hetze oder ähnlicher Delikte festgenommen oder verurteilt worden waren, kamen im November und Dezember frei – auch in Hohenschönhausen.

Nach dem Mauerfall am 9. November kam es in den MfS-Einheiten im Sperrgebiet Hohenschönhausen zu Auflösungserscheinungen. Staatssicherheitsangehörige,

die vielfach noch am »Geburtstag« der DDR, dem 7. Oktober 1989, mit Auszeichnungen, Treuemedaillen und Beförderungen bedacht worden waren, quittierten den Dienst und bemühten sich um neue Erwerbsmöglichkeiten oder gingen in den vorzeitigen Ruhestand. Insbesondere in den technischen Diensteinheiten der VRD und des OTS wurden eilends Konzepte entwickelt, wie bestimmte Teile in zivile Wissenschafts- und Dienstleistungsbereiche überführt werden könnten.

Nach der ersatzlosen Auflösung des Staatssicherheitsdienstes übertrug die DDR-Regierung dem Ministerium des Innern (MdI) eine Reihe von Aufgaben und Einrichtungen, die bis dahin in der Hand der Staatssicherheit gelegen hatten. Im Sperrgebiet Hohenschönhausen betraf dies das Haftkrankenhaus des Zentralen Medizinischen Dienstes (ZMD) und die einstige Abteilung N (Nachrichten). Das MdI stellte auch den so genannten Objektkommandanten für das Areal. Vor allem aber übernahm es das Herzstück des Geheimbezirks: die zentrale Untersuchungshaftanstalt des Staatssicherheitsdienstes.

Das Gefängnis wurde nun mit gänzlich anderen Häftlingen belegt: Führende Staats- und Parteifunktionäre der DDR wie der Gewerkschaftschef Harry Tisch, der CDU-Vorsitzende Gerald Götting und der oberste Wirtschaftslenker Günter Mittag wurden verhaftet und kamen nach Hohenschönhausen. Unter dem Druck der empörten Bevölkerung und um sich selber reinzuwaschen, ermittelte die DDR-Justiz gegen sie wegen Amtsmissbrauch, Vetternwirtschaft und Verschwendung von Volkseigentum. Auch der abgesetzte Minister für Staatssicherheit wurde zweimal verhaftet. Die Staatsanwaltschaft beschuldigte ihn, für die Verfolgung politisch Andersdenkender verantwortlich gewesen zu sein und Angehörigen der terroristischen Rote Armee Fraktion Unterschlupf gewährt zu haben. Wie eine Ironie der Geschichte mutet es an, dass er in dem von ihm selbst errichteten Ge-

Name, Vorname VR des Vorgeführten	Name des Mitarbeiters	Zeit	Ort	Realisierung
Vernehmung 07.02.				
Junker, Wolfgang 4,1	Oltn. Taige	9°°	4 269	9²⁵ - 12³⁰
Seidel, Manfred 216,1	Ltn. Müller		4 344	10⁵⁰ - 11⁴⁵
Mielke, Erich 11,1	Hptm. Nagelbaur		H4H	12⁵⁰ - 13³⁰
Krolikowsky, Werner 13,1	Hptm. Müller	14°°	H4H	14°° - 16³⁰
Kleinert, Gust 4,1	Ltn. Zieckow	14¹⁵	4 289	14¹⁵ - 17°°
Wildenhain, Heinz 221,1	Oltn. Mattias	14⁴⁵	4 348	15°° - 15³⁰
Rechtsanwalt 07.02.				
Tisch, Harry 219,1	Dr. Matheus	9¹⁵	UHA 06	10¹⁵ - 11¹⁵
Wildenhain, Heinz 221,1	- " -	9°°	UHA 06	9°° - 10⁰⁵
Mittag, Günter 12,1	Ullmann	9°°	H4H 10	9°° - 11²⁵
Selbmann, Gerold 3,1	Dr. Klarenka	13³⁰	H4H	Verhindert + Rathaus
Herrmann, Joachim 220,1	Wartenstein-Ohnesorge	10°°	UHA 18	10⁰⁷ - 11¹⁵
Kimmel, Heinz 212,1	- " -	11°°	UHA 18	11¹⁵ - 12°°
Krolikowsky, Werner 13,1	- " -	11³⁰	H4H 10	12¹⁵ - 13⁰⁵
Mielke, Erich 11,1	Raubner + Ohnesorge	13³⁰	H4H	13³⁰ - 14³⁰
Tisch, Harry 219,1	Freibel	13°°	4 336	13³⁰ - 16⁰⁵

Auszug aus dem Vorführbuch des Untersuchungsgefängnisses vom 7. Februar 1990

fängniskomplex – in der Zelle 11 des Haftkrankenhauses – zu Beginn des Jahres 1990 einige Wochen inhaftiert war. Er hatte sich für krank erklärt, um zu verhindern, dass er strafrechtlich zur Verantwortung gezogen wird.

Die abgesetzten SED-Funktionäre fanden erheblich bessere Haftbedingungen vor als die einstigen Untersuchungsgefangenen des MfS: An die Stelle der Holzpritschen in den Zellen traten gefederte Metallbetten, einzelne Verwahrräume im zweiten Obergeschoss des Ostflügels erhielten Fenster, und im Erdgeschoss des Vernehmertrakts wurden erstmals Besucherzimmer eingerichtet. Hinter dem Gefängnisneubau wurden die Zwischenwände zwischen den Freigangzellen größtenteils weggerissen, sodass drei große Freiflächen mit Sitzgelegenheiten und Blumenkästen entstanden. Die kurzzeitigen Insassen des Haftkrankenhauses Erich Mielke und Harry Tisch durften ihre Freistunde sogar im Innenhof des Gefängnisses verbringen, der mit Rosenbeeten und Sitzbänken ausgestaltet war – zu MfS-Zeiten hatte diesen kein Häftling je zu Gesicht bekommen.

Einen Teil der Gebäude im Sperrgebiet übernahmen andere Institutionen. So veranlasste die DDR-Regierung am 13. Januar 1990, dass die Entwicklungs- und Produktionsstätten des OTS zusammen mit den verbliebenen MfS-Spezialisten dem Ministerium für Wissenschaft und Technik zugeschlagen wurden. Die Objekte des Versorgungs- und des Kfz-Dienstes gingen an das Dienstleistungskombinat (später Technische Dienstleistung und Vertriebs GmbH) bzw. den VEB Autoservice Berlin (heute CSB, Car Service Berlin GmbH).

Das Gebäude in der Freienwalder Straße 17–19, in dem das MfS ein geheimes NS-

*Blick auf das Unter-
suchungsgefängnis und
auf den Bereich der
Ermittlungsabteilung
(Aufnahme vom
November 1990)*

Archiv untergebracht hatte, wurde zur Außenstelle des Zentralen Staatsarchivs der DDR. Die MfS-Wohnblocks im Umfeld des Sperrgebiets übergab das staatliche Komitee zur Auflösung des Amts für Nationale Sicherheit (AfNS) an die kommunale Wohnungsverwaltung oder, wie im Fall der Ledigenwohnheime in der Genslerstraße 18 und der Werneuchener Straße 19, an andere zivile Nutzer (Reisebüro Jugendtourist, Studentenwohnheim). Mitte März 1990 veranlasste der Rat des Stadtbezirks Berlin-Hohenschönhausen dann den Abriss der Sperranlagen. Nach über vier Jahrzehnten waren die Freienwalder und die Genslerstraße erstmals wieder frei zugänglich.

Die Wiedervereinigung der beiden deutschen Staaten am 3. Oktober 1990 brachte das endgültige Aus für das Sperrgebiet. Bereits am 1. Oktober um 13.00 Uhr übergab das MdI der Berliner Senatsverwaltung für Justiz die Schlüssel der Untersuchungshaftanstalt. Als vermutlich letzter Insasse wurde Erich Mielke am 4. Oktober 1990 in die Justizvollzugsanstalt Moabit verlegt. Zum Monatsende wurde das Gefängnis geschlossen. Danach diente es nur noch als Aufbewahrungsort für die Zentralkartei des DDR-Strafvollzugs – sie umfasste rund 700 000 Karten über nahezu alle Personen,

die zwischen 1950 und 1990 inhaftiert worden waren.

Die anderen Immobilien gingen an die Treuhandanstalt zur Verwaltung des ehemaligen DDR-Vermögens. Nach und nach veräußerte sie diese oder überließ sie neuen Eigentümern und Nutzern, die darin Läden einrichteten oder Dienstleistungen anboten. Viele Gewerbeneugründungen aus der ersten Hälfte der neunziger Jahre bestanden allerdings nicht lange. Finanzielle Engpässe bewogen auch den Stadtbezirk Hohenschönhausen, sich aus den Gebäuden an der Freienwalder Straße zurückzuziehen, in die ein Teil der Verwaltung vorübergehend eingezogen war.

Andere Baulichkeiten, die das Erscheinungsbild des Sperrgebiets bis 1989 geprägt haben, wurden abgerissen. Die Wachtürme und das Wachhäuschen in der Freienwalder Straße sind ebenso verschwunden wie das Ölheizwerk des MfS und viele Anlagen der ehemaligen Abteilung Kfz-Instandsetzung. Die riesige Hauptproduktionshalle der »Heike-Fabrik«, die am Anfang der industriellen Entwicklung gestanden hatte, wurde 2003 eingeebnet. Die ehemalige Untersuchungshaftanstalt wurde 1992 unter Denkmalschutz gestellt und ist seit 1995 Gedenkstätte.

Die Abteilungen

Das Sperrgebiet Hohenschönhausen bestand nicht nur aus dem zentralen Untersuchungsgefängnis. Hier residierten vielmehr ganz unterschiedliche Abteilungen des Staatssicherheitsdienstes, von denen viele direkt dem Minister für Staatssicherheit, Erich Mielke, unterstellt waren. Neben den zentralen Diensteinheiten, die für Strafverfahren und Haft zuständig waren, hatten in dem weitläufigen Areal vor allem technische und unterstützende Abteilungen ihren Sitz. Insgesamt waren hier mindestens 2500 Mitarbeiter des Ministeriums für Staatssicherheit (MfS) tätig.

Gefängnisverwaltung

In der ehemaligen Großküche arbeitete bis Anfang 1990 die Abteilung XIV des MfS. Die Abteilung, die 1989 255 hauptamtliche Mitarbeiter beschäftigte, war die zentrale Gefängnisverwaltung des Staatssicherheitsdienstes und für die Kontrolle sämtlicher MfS-Haftanstalten verantwortlich.

In den Anfängen des MfS fielen diese Aufgaben in den Zuständigkeitsbereich der Unterabteilung U-Haft in der für Strafverfahren zuständigen Abteilung IX. 1951 wurde diese jedoch ausgegliedert und zu einer selbstständigen Abteilung aufgewertet. Diese war direkt dem Minister für Staatssicherheit unterstellt. Von 1952 bis 1958 wurde die Abteilung zunächst von dem ehemaligen Elektriker Paul Rumpelt geleitet, auf den der einstige Drainagearbeiter Hans Bialas folgte. Seit 1963 stand der gelernte Klempner Siegfried Rataizik an ihrer Spitze, der in dieser Position bis zur Auflösung des MfS verblieb. Der Oberst, der 1984 an der Juristischen Hochschule des Staatssicherheitsdienstes in Potsdam einen Doktortitel verliehen bekam, leitete 27 Jahre lang die Gefängnisverwaltung des MfS.

Wichtigste Aufgabe der Abteilung XIV war die Sicherung der Untersuchungshaftanstalt I in Berlin-Hohenschönhausen. Die uniformierten Wärter durchsuchten die Häftlinge bei der Einlieferung, sperrten sie in die Zelle, schoben ihnen das Essen durch die Luke und brachten sie zum Verhör. Sie

Aufstellung über die Bewaffnung verschiedener Staatssicherheitsdiensteinheiten im Sperrgebiet (1954)

Nachts in der Zelle

Und wieder das Licht. Diesmal konzentriere ich mich auf diese verteufelte Vorrichtung: Unmittelbar über der Tür ist ein quadratisches Loch. Darauf befindet sich eine Scheibe ... Spiegelglas oder so was ähnliches. Darauf ist eine ganz helle Glühbirne befestigt. Von außen kann man diese Vorrichtung so betätigen, dass das Licht die gesamte Zelle beinahe taghell erleuchtet. An Schlaf ist dabei nicht zu denken. Ich begann zu zählen. »Eins-zwo-drei ...vier ...fünf...«. Bis 60 komme ich, da strahlen sie mich wieder an. Ich zähle weiter: Eins, zwo, drei, vier – diesmal komme ich bis 118. Aber auch das nützt nicht viel, ich werde so niemals Schlaf finden. Aber das wissen die ja ganz genau. Warum

sonst tun sie's denn in so kurzen Abständen? Ich lege mich auf die Seite und ziehe mir die Decke über den Kopf. Es dauert nicht lange, da rasselt's, die Klappe wird heruntergerissen und eine junge, ziemlich dicke Uniformierte schreit mich an: »Nähmen Se gefällichst de Hände off de Decke. Und lächen Se sech offn Rüggen!« Ich gehorche entsetzt.

Ellen Thiemann wurde Ende Dezember 1972 wegen versuchten illegalen Grenzübertritts verhaftet und war bis Mitte Juni 1973 in Berlin-Hohenschönhausen in Untersuchungshaft.
Quelle: Ellen Thiemann: Stell dich mit den Schergen gut. Erinnerungen an die DDR. Meine Wiederbegegnung mit dem Zuchthaus Hoheneck. München/Berlin 1990, S. 30.

Ehemaliges »U-Boot« und späteres Verwaltungsgebäude der Abteilung XIV (Aufnahme vom November 1990)

dirigierten auch die Arbeitskommandos in Hohenschönhausen, in denen bereits verurteilte Strafgefangene die laufenden Putz-, Koch- und Reparaturarbeiten erledigen mussten.

Die Abteilung XIV verwaltete auch das

andere zentrale MfS-Gefängnis, die Untersuchungshaftanstalt II in Berlin-Lichtenberg. Dieses in der Magdalenenstraße gelegene Gefängnis kam ab den sechziger Jahren insbesondere dann zum Zuge, wenn Häftlinge die Erlaubnis bekamen, mit einem Rechts-

anwalt, Botschaftsmitarbeitern oder Angehörigen zu sprechen. In diesem Fall wurden sie eigens dorthin gebracht, damit kein Außenstehender das Sperrgebiet Hohenschönhausen betrat.

Fast zwei Jahrzehnte lang war die Abteilung auch für das Arbeitslager X zuständig, in dem verurteilte Strafgefangene Zwangsarbeit für das MfS leisteten. Das Lager befand sich direkt neben der Untersuchungshaftanstalt in Hohenschönhausen und existierte bis 1974. Bis zur Auflösung des MfS beaufsichtigte die Abteilung zudem die Arbeit der 15 regionalen Untersuchungsgefängnisse in den Bezirkshauptstädten der DDR. Sie formulierte die jährlichen Planaufgaben, erteilte Anweisungen und kontrollierte deren Durchführung. Schließlich kümmerte sich die Abteilung um Gefangenentransporte aus dem Ausland. Flüchtlinge, die an den Grenzen befreundeter Staaten wie Ungarn oder Bulgarien gefasst worden waren, wurden von ihren Mitarbeitern per Flugzeug in die DDR gebracht. Auch Autos, die von Flüchtlingen zurückgelassen worden waren, transportierten sie in die DDR zurück.

Zentrale Ermittlungsabteilung

Hinter dem Untersuchungsgefängnis, in einem sechsstöckigen Plattenbau, hatte seit 1973 die zentrale Ermittlungsabteilung ihren Sitz: die Hauptabteilung IX. Wie keine andere Diensteinheit der Staatssicherheit war das Untersuchungsorgan des MfS unmittelbar mit der Verfolgung von Opposition und Widerstand befasst.

Die Abteilung wurde 1950 gegründet und im Dezember 1953 in den Rang einer Hauptabteilung erhoben. Im Unterschied zu anderen Geheimdiensten hatte das MfS nicht nur polizeiliche, sondern auch staatsanwaltliche Befugnisse, die von der Hauptabteilung wahrgenommen wurden. Sie galt als »sozialistisches Rechtspflegeorgan« – eine Praxis, die erst ab 1968 durch gesetzliche

Dienstsitz der Ermittlungsabteilung in der Lichtenauer Straße (Aufnahme von 1998)

Bestimmungen teilweise legalisiert wurde. Die Ermittlungsabteilung, die zuletzt 484 hauptamtliche Mitarbeiter beschäftigte, war ebenfalls direkt Mielke zugeordnet, und der Minister war zugleich Mitglied ihrer SED-Grundorganisation. Die Hauptabteilung beaufsichtigte auch die Ermittlungsabteilungen in den 15 Bezirksverwaltungen des Staatssicherheitsdienstes.

Die so genannte Linie IX war in der DDR für alle strafrechtlichen Ermittlungen zuständig, denen eine politische Bedeutung zugemessen wurde – egal, ob davon Bürger der DDR oder ausländische Staatsangehörige betroffen waren. Sie ermittelte unter anderem bei Straftatbeständen wie »Staatsfeindliche Hetze«, »Versuchte Republikflucht«, »Angriffe auf die Staatsgrenze«, »Staatsfeindlicher Menschenhandel«, »Ungesetzliche Verbindungsaufnahme« oder »Landesverrat«. Die entsprechenden Bestimmungen des Strafgesetzbuches gestatteten es, gleichsam jeden politisch Andersdenkenden zu kriminalisieren. Wer in der Öffentlichkeit die staatliche Ordnung der DDR oder auch nur die Arbeit staatlicher Organe »herabwürdigte«, konnte zum Beispiel in den achtziger Jahren mit bis zu zwei Jahren Freiheitsentzug bestraft werden.

Die Ermittlungsabteilung war aber auch für politisch bedeutsame Verbrechen allgemeiner Kriminalität zuständig: so etwa be-

Monatelange Einzelhaft

Vier, fünf Monate lang bin ich in unregelmäßigen Abständen immer wieder vernommen worden. Diese unregelmäßigen Verhöre waren zermürbend. Man war froh, wenn die Zellentür mal wieder aufging, wenn man zu so einem Verhör geholt wurde. Ich bin ja wochen- und monatelang in Einzelhaft gewesen, ohne arbeiten zu dürfen. Die Zeit vergeht in so einer Situation einfach nicht. Ein Tag kommt einem so lang vor wie vierzehn Tage. Wenn es mir ganz schlecht ging, habe ich an russische Kriegsgefangene gedacht und mir gesagt: »Die Leute haben zehn Jahre, vierzehn Jahre in der Sowjetunion unter den grausamsten Umständen verbracht.« Diese Gedanken haben mich aufgerichtet. Um die Situation aushalten zu können, habe ich in der Zelle Sport getrieben, bis zum Umfallen. Liegestütz habe ich gemacht und

bin in der Zelle gelaufen, fünftausend Meter. Immer hin und her bin ich gerannt. Man kommt ja auf die absurdesten Ideen. Aus Klopapier habe ich mir kleine Röllchen geformt und ein Spielsystem entwickelt: sieben, fünf, drei, eins. Aus jeder Reihe musste man etwas wegnehmen. Derjenige, der die letzte Kugel nahm, hatte verloren. Zuerst habe ich gegen mich selbst gespielt, als ich später dann nicht mehr allein in der Zelle war, gegen Mitgefangene. Sport und dieses Denktraining haben mich aufrecht gehalten.

Uwe Rath wurde im Februar 1963 wegen so genannter Fluchthilfe festgenommen und war bis August des gleichen Jahres in Berlin-Hohenschönhausen in Untersuchungshaft.
Quelle: Maria Nooke: Der Verratene Tunnel. Geschichte einer verhinderten Flucht im geteilten Berlin. Bremen 2002, S. 78f.

stimmte Fälle von Mord und Totschlag, Brände und Havarien, die dem Staat einen erheblichen Schaden zugefügt hatten, Straftaten, in die Angehörige der Staatssicherheit, der Nationalen Volksarmee oder der sowjetischen Streitkräfte verwickelt waren, u.a.m. Außerdem befasste die Abteilung sich mit NS- und Kriegsverbrechen. Schließlich kontrollierte sie die Sonderhaftanstalt Bautzen II, in die viele Häftlinge aus Hohenschönhausen nach ihrer Verurteilung überführt wurden.

In den vierzig Jahren ihrer Existenz führte die Linie IX über 90 000 Ermittlungsverfahren durch, von denen viele mit der Verurteilung endeten. Die Hauptabteilung ermittelte dabei nicht nur, sondern bereitete auch die entsprechenden Strafverfahren vor. Bei vielen Gerichtsverhandlungen nahm sie direkten Einfluss auf den Verlauf und die Urteilsfindung. Vor allem in den fünfziger Jahren inszenierte sie immer wieder Schauprozesse, in denen Gegner der SED-Herr-

schaft öffentlichkeitswirksam abgeurteilt wurden. Bei prominenten Untersuchungsgefangenen und in anderen besonderen Fällen ließen sich die Verantwortlichen das vorgesehene Strafmaß zuvor von der SED-Führung absegnen.

In der ersten Hälfte der fünfziger Jahre wurde die Ermittlungsabteilung durch den früheren Drogisten Alfred Scholz geleitet, ab 1956 vom einstigen Maschinenschlosser Kurt Richter. 1964 übernahm dann der gelernte Orchestermusiker Walter Heinitz das Amt, und 1973 folgte auf ihn der Chemigraph Rolf Fister. Fister, der 1975 an der Hochschule des Staatssicherheitsdienstes zum Dr. jur. promoviert wurde, leitete die Abteilung bis zu ihrer Auflösung Anfang 1990.

Medizinischer Dienst

Auf dem Gelände der Untersuchungshaftanstalt waren auch Teile des Zentralen Medizinischen Dienstes (ZMD) der Staatssicherheit untergebracht. Dieser übernahm 1974 die Behandlung und Begutachtung von Gefangenen im Haftkrankenhaus. Erkrankte Inhaftierte wurden dort MfS-eigenen Ärzten vorgeführt, sodass auch auf diesem Weg keine Informationen aus der Haftanstalt nach außen dringen konnten. Der Dienst war aber auch für die medizinische Betreuung der MfS-Mitarbeiter zuständig.

In den fünfziger Jahren hatte die Staatssicherheit diese Aufgaben noch über Vertragsärzte abgewickelt. 1959 schuf sie sich dann eine eigene medizinische Versorgungsstruktur. Anlass dafür war vermutlich die Enttarnung des Zahnarztes Gerhard Raue, der aus dem Regierungskrankenhaus heimlich Informationen über MfS-Mitarbeiter und hohe Funktionäre weitergegeben hatte. Aus der medizinischen Abteilung ging 1974 der ZMD hervor, der hinfort für alle medizinischen Aufgaben zuständig war.

Der ZMD gewährleistete die Grundversorgung für alle hauptamtlichen Mitarbeiter der Staatssicherheit – von der augen- bis zur zahnärztlichen Behandlung. Darüber hinaus betreute er MfS-Angehörige, die sich in einem speziellen Einsatz befanden oder sich darauf vorbereiteten, medizinisch und psychologisch. Auch Inoffizielle Mitarbeiter oder geheime Offiziere im besonderen Einsatz wurden bei Bedarf vom ZMD behandelt. So kam z.B. der Kanzleramtsspion Günter Guillaume nach seiner Haftentlassung und Rückkehr in die DDR zunächst in die Obhut von ZMD-Ärzten.

Der ZMD beschäftigte 1989 insgesamt 1161 Mitarbeiter. Außer dem Haftkrankenhaus im Sperrgebiet unterstand ihm noch eine ganze Reihe anderer medizinischer Einrichtungen: ein Krankenhaus in Berlin-Buch mit 260 Betten, die Poliklinik in der MfS-Zentrale in Berlin-Lichtenberg, mehrere ambulante Außenstellen in den Bezirken, die Lebensmittel- und Wasseruntersuchungsstelle des MfS sowie die allgemeine Hygieneinspektion der Staatssicherheit. Ein eigener Beschaffungsdienst versorgte die Einrichtungen mit den notwendigen medizinischen Geräten und Produkten.

Dienstrechtlich gehörte der ZMD, dessen Zentrale in der Berliner Normannenstraße saß, zur Hauptabteilung Kader und Schulung. Erster Leiter des Dienstes war der frühere MfS-Vertragsarzt Günter Kempe, der seinen Doktortitel erst 1977 an der Juristischen Hochschule der Staatssicherheit erwarb. Nach 26-jähriger Amtszeit folgte ihm sein Stellvertreter, der Facharzt Klaus-Wolfgang Klein. Er leitete den ZMD bis zu dessen Auflösung.

Herstellung von Überwachungstechnik

Die größte Abteilung im Sperrgebiet Hohenschönhausen war der so genannte Operativ-Technische Sektor (OTS) des Staatssicherheitsdienstes. 1989 arbeiteten für ihn insgesamt 1085 hauptamtliche Mitarbeiter. Aufgabe der Abteilung war es vor allem, geheimdienstliche Spezialtechnik für das MfS herzustellen.

In den fünfziger Jahren waren dafür die Abteilungen K (Entwicklung operativ-technischer Mittel) und L (Beschaffung operativ-technischer Mittel) zuständig. 1960 wurden diese zu einer Arbeitsgruppe zusammengelegt, die anfangs zur Hauptverwaltung B (Bewirtschaftung) des MfS gehörte. 1963 wurde der OTS dann eigenständig. Im Laufe der Zeit kamen weitere Bereiche dazu wie z.B. die 1985 eingegliederte Abteilung E (Operativ-technische Mittel und Dokumente). Leiter war bis 1968 der gelernte Schlosser Herbert Hentschke, dessen Nachfolger der Elektroingenieur Günter Schmidt wurde.

Der OTS war für die Entwicklung, Produktion und Instandhaltung von Bespitzelungstechnik aller Art verantwortlich. Geheime Abhöranlagen und Fotoapparate gehörten ebenso dazu wie Tarn- und Beobachtungsvorrichtungen. Auch Nachschlüssel für konspirative Hausdurchsuchungen fertigte die Abteilung. Für die Postkontrolle

Getarnte MfS-Abhör-
anlage. Links: Tasche
mit Mikrofon von
außen, rechts: Blick in
die Tasche

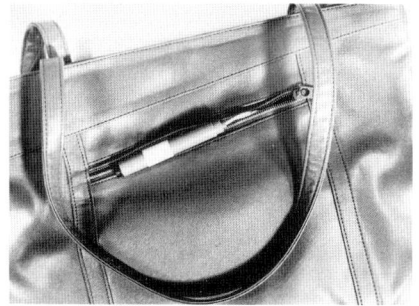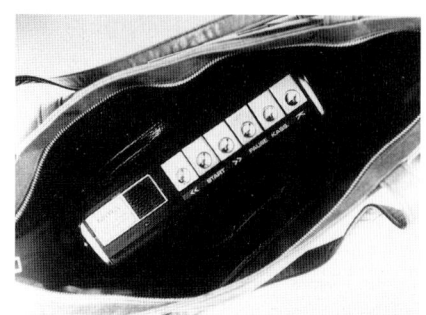

Stützpunkte u.a. zum
Abhören von Richtfunk-
strecken der Deutschen
Bundespost sowie von
Funk- und Autotelefon-
verkehr

erfanden ihre Mitarbeiter Geräte, mit denen Briefe schnell und vor allem spurenlos
geöffnet und wieder verschlossen werden
konnten. In den achtziger Jahren konnte
eine derartige Maschine in der Stunde rund
600 Normbriefe öffnen. Jeden Tag wurden
auf diese Weise in der ganzen DDR etwa
90 000 Briefe kontrolliert.

Außerdem entwickelte der OTS physika-
lische, chemische und fotografische Verfahren, um getarnte Informationen, zum Beispiel
durch Geheimschrift, in Postsendungen ausfindig zu machen. Ebenso wichtig waren
die aufwendigen Schriftanalysen und die
ständig wachsende Fingerabdrucksamm-
lung des OTS. Damit konnte der Staatssicherheitsdienst beispielsweise die Verfasser
selbst gefertigter Flugblätter feststellen.

In seinen fünf Dienstobjekten im Sperrgebiet verfügte der OTS über modern ausge-
stattete Labors für kriminalistische und na-
turwissenschaftlich-technische Untersuchungen. Dokumente und Unterlagen konnten
hier nicht nur analysiert, sondern – z.B. für
den Agenteneinsatz – auch reproduziert und
gefälscht werden. Der OTS konnte auch auf
westliche Geräte und Dokumente zurückgreifen, die das MfS bei Verhaftungen beschlagnahmt hatte. Außerdem begutachtete
er alle beim Zentralen Büro für Neuererwesen des MfS eingereichten Verbesserungs-
vorschläge. Das Institut für technische
Untersuchungen (ITU), das außerhalb des
Sperrgebiets lag, beschäftigte sich speziell
mit Fragen der Funkabwehr, der Abhörtechnik und der elektronischen Datenverarbeitung. Mit Hilfe des OTS war das MfS
in den achtziger Jahren in der Lage, auch in
das Telefonnetz der Bundesrepublik einzu-
dringen und einen Großteil des Funkver-
kehrs, einschließlich Ferngesprächen, ab-
zuhören. Für die Spionage der DDR waren die technischen Quellen am Ende fast
ebenso wichtig wie die menschlichen Informanten.

Das spezielle Know-how des OTS erlaubte es nicht nur, die Bewohner der DDR praktisch flächendeckend zu kontrollieren, sondern auch westliche Besucher, Journalisten und Diplomaten – zum Beispiel in den Interhotels – heimlich zu überwachen. Zu diesem Zweck wurden nicht nur Abhöranlagen, sondern auch Videokameras installiert. Die Geräte »made in Hohenschönhausen« gingen auch an den sowjetischen KGB und die Geheimdienste anderer sozialistischer Staaten.

Wachregiment

Das Sperrgebiet Hohenschönhausen wurde von einer eigenen Einheit des Wachregiments (WR) bewacht, die eng mit dem Objektkommandanten zusammenarbeitete. 1980 standen 28 MfS-Soldaten in zwölf Postenbereichen ständig Wache. Sie setzten sich aus acht Turmposten, einem Wechselposten sowie drei Kontrollposten an den Ein- und Ausfahrten zum Sperrgebiet zusammen. Sie waren standardmäßig mit Pistolen und Schnellfeuergewehren bewaffnet. Im Spannungsfall sollten sie das Gelände unter Hinzuziehung weiterer MfS-Kräfte auch gegen Angriffe von außen verteidigen, wofür ihnen Handgranaten, Panzerabwehrwaffen und Schützenpanzer zur Verfügung standen.

Das WR entstand aus dem 1950 gegründeten Wachbataillon des MfS. Es war der militärische Arm der Staatssicherheit und wurde nach dem Volksaufstand am 17. Juni 1953 systematisch ausgebaut. 1967 erhielt es – »in Anerkennung zuverlässiger Pflichterfüllung und hoher Einsatzbereitschaft« – den Beinamen des Gründers der sowjetrussischen Geheimpolizei Feliks Edmundowitsch Dzierzynski. 1989 umfasste das Wachregiment mehr als 11 000 Mann und besaß damit Divisionsstärke.

2500 Berufsoffiziere und mehr als 8700 Zeitsoldaten bildeten zuletzt das Wachregiment. Ihre Rekrutierung erfolgte direkt durch das MfS. Jeder Einstellung ging eine umfangreiche politische und familiäre Überprüfung voraus. Ausgewählt wurden nur ideologisch zuverlässige Kandidaten. Jeder Wachsoldat schwor im Fahneneid, »als Angehöriger des Ministeriums für Staatssicherheit die Feinde des Sozialismus auch unter Einsatz meines Lebens zu bekämpfen«. Die Unteroffiziere auf Zeit verpflichteten sich freiwillig zu einer Dienstzeit von drei Jahren. Viele von ihnen rekrutierte die Staatssicherheit anschließend als IM oder hauptamtliche Mitarbeiter.

Kasernen des Regiments befanden sich in Ahrensfelde, Berlin-Adlershof und Erkner. Die Wachsoldaten schützten im Großraum Berlin über hundert Gebäude des MfS, der DDR-Regierung und der SED. Ausbildung und Bewaffnung waren darauf ausgerichtet, dass die Soldaten ebenso einer militärischen Bedrohung von außen wie Unruhen im Innern entgegentreten konnten. In ausgewählten Objekten kontrollierten sie, zusammen mit der Hauptabteilung Personenschutz (PS), auch den Personenverkehr. Zudem kamen sie bei offiziellen Demonstrationen und Großveranstaltungen zum Einsatz. Eine Ehrenkompanie des Wachregiments – mit Orchester – war beteiligt, wenn der Staatsratsvorsitzende der DDR, Erich Honecker, ausländische Staatsgäste oder Diplomaten empfing.

Dienstrechtlich unterstand das WR dem Leiter der Arbeitsgruppe des Ministers (AGM). Kommandiert wurde es anfangs von dem früheren Hilfsarbeiter Werner Barth (1954–1958) sowie dem Vermessungstechniker Günter Wolf (1959–1962), die mehrere Jahre in sowjetischer Kriegsgefangenschaft zugebracht hatten. 1962 übernahm dann der gelernte Dentalmechaniker Heinz Gronau das Kommando, gefolgt von dem Maschinenschlosser und Wehrmachtsfreiwilligen Bernd Elsner (1972–1987). Letzter Kommandant des Wachregiments war Manfred Döring, der in den frühen fünfziger Jahren seine Karriere in der Kasernierten Volkspolizei der DDR begann.

Abteilung Bewaffnung

Das MfS verfügte über einen umfangreichen Waffenbestand. Außer den mehr als 200 000 Revolvern und Maschinenpistolen gehörten dazu zuletzt auch 3611 Gewehre, 3537 Panzerbüchsen, 449 leichte und 766 schwere Maschinengewehre sowie diverse Schützenpanzerwagen. Zuständig für deren Beschaffung war die Abteilung Bewaffnung/Chemischer Dienst (BCD), die im gut gesicherten Sperrgebiet Hohenschönhausen ihren Sitz hatte.

Der Anfang der fünfziger Jahre gebildete Waffenbereich des MfS gehörte zunächst zur Abteilung Nachrichtenverbindungen und anschließend – als Abteilung 7 – zur Hauptabteilung Verwaltung und Wirtschaft. Nach dem Volksaufstand am 17. Juni 1953 war der Bereich dafür verantwortlich, dass alle MfS-Mitarbeiter regelmäßig eine Schießausbildung erhielten. Später führte er nur noch die Aus- und Weiterbildung der Waffentechniker und Chemieschutzverantwortlichen durch. In den ersten Jahren benutzte das MfS überwiegend deutsche Waffen, die vor 1945 hergestellt worden waren. Ab 1958 erfolgte dann die Umstellung auf sowjetische Fabrikate. 1961 wurde der Bereich als selbstständige Abteilung Waffen und Geräte der Arbeitsgruppe des Ministers (AGM) unterstellt. Ab 1972 hieß sie dann Abteilung BCD und beschäftigte zuletzt 176 Mitarbeiter.

Die Abteilung war nicht nur für die Ausstattung des Staatssicherheitsdienstes mit Waffen, Munition und Pioniertechnik zuständig, sondern auch für deren Wartung. Sie kontrollierte zudem die Schützenwaffen der MfS-eigenen Sportvereinigung »Dynamo« und, zumindest eine Zeit lang, die Jagdwaffenkammer der Staatssicherheit.

Eine zweite Aufgabe bestand darin, den Schutz des MfS vor atomaren, biologischen und chemischen Massenvernichtungswaffen zu organisieren. Die Abteilung verfügte deshalb über einen umfangreichen Bestand an Schutzausrüstungen. In Abstimmung mit dem Zentralen Medizinischen Dienst (ZMD) kontrollierte ihr Hauptstrahlenschutzbeauftragter den Umgang mit radioaktiven Stoffen im MfS. Das betraf z.B. die Röntgengeräte in den Untersuchungshaftanstalten, die zur Durchleuchtung von Paketen und für medizinische Zwecke benutzt wurden. Darüber hinaus benutzte das MfS radioaktives Material als »Markierungsmittel« für Manuskripte, Gegenstände und Personen und durchleuchtete damit die Autos an den Grenzübergangsstellen. Über die Referate Spezielle Importe und Lager Rostock II (Objekt Kavelstorf) war die Abteilung auch an den geheimen Waffengeschäften der DDR beteiligt.

In den sechziger Jahren wurde die Abteilung von dem ehemaligen Mechaniker und Waffen-Unteroffizier der Wehrmacht Gott-

Bestätigung eines Fertigungsprojekts der Abteilung Bewaffnung/ Chemischer Dienst durch das Zentrale Büro für Neuererwesen (3. November 1989)

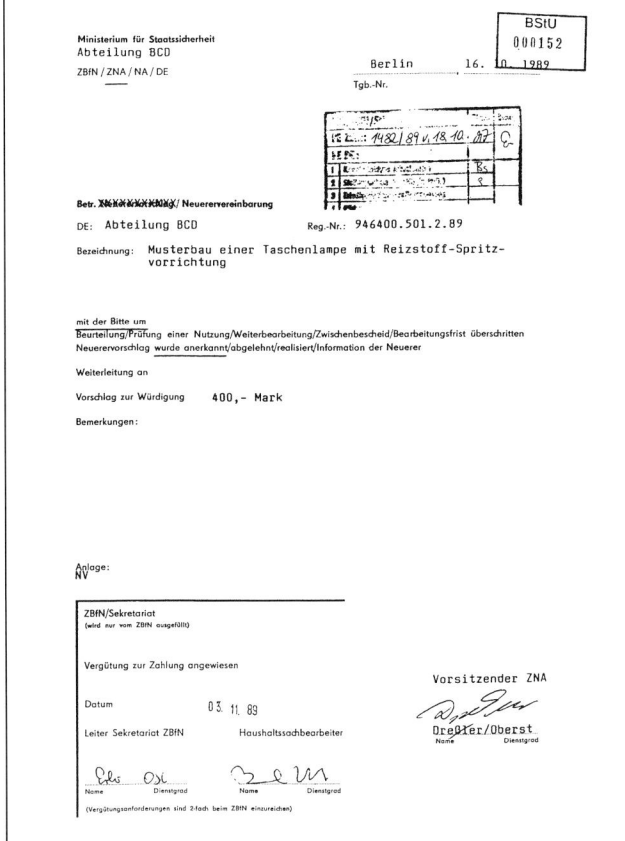

hold Lange geleitet. Von 1974 bis 1988 stand der gelernte Schlosser Kurt Voigt an ihrer Spitze. Im letzten Jahr leitete der vierzigjährige Betriebsschlosser Erich Schwager die Abteilung.

Kfz-Instandsetzung

Der Staatssicherheitsdienst besaß einen ausgedehnten Fahrzeugpark. Für dessen Instandhaltung war die Abteilung IV des Bereichs Kfz-Dienste zuständig. Auch diese hatte im Sperrgebiet Hohenschönhausen ihren Sitz.

Die Abteilung entstand erst 1974, nachdem das Arbeitslager X geschlossen worden war. Unter Leitung des früheren stellvertretenden Lagerkommandanten Wilfried Franke arbeiteten hier zuletzt 259 MfS-Mitarbeiter. Der gesamte Bereich gehörte zur Verwaltung Rückwärtige Dienste (VRD). Neben den Dienstfahrzeugen des MfS stammte der größte Teil der Autos aus den beiden Fahrbereitschaften der Hauptabteilung Personenschutz (PS), die die Staats- und Parteifunktionäre chauffierte. Es zählten aber auch Kleintransporter vom Typ B 1000, verschiedene Nutzkraftwagen und Omnibusse dazu.

Aufgrund der steigenden Zahl von MfS-Fahrzeugen entstand 1982 eine neue, 54 Meter lange und 18 Meter breite Werkstatthalle. Sie lag links von der Einfahrt in das Grundstück Genslerstraße 69–72, unmittelbar vor dem alten Kraftfahrzeugreparaturwerk (KRW). Eine Mannschaftsunterkunft des Wachregiments (WR), eine Begrenzungsmauer und ein Postenturm mussten dafür abgerissen werden. Die eingeschossige Halle hatte verschiedene Funktionsbereiche. Die Technische Untersuchung – eine Art MfS-eigener TÜV – konnte stündlich zwanzig Fahrzeuge abfertigen. Schnellreparatur und Wartung konnten zur selben Zeit je vier PKW betreuen. 1989 war man in der Lage, jährlich 10 000 Fahrzeuge instand zu setzen.

Spezialbauwesen

Im Sperrgebiet Hohenschönhausen residierte auch der Bereich Spezialbauwesen (AGM/B) des Staatssicherheitsdienstes. Dieser zu der Arbeitsgruppe des Ministers (AGM) gehörende Bereich war verantwortlich für die wichtigsten Schutzbauten der DDR.

Die AGM war die Schaltstelle des Staatssicherheitsdienstes für den so genannten Mobilmachungsfall. Die zuletzt 689 Mitarbeiter unter Generalmajor Erich Rümmler bereiteten sämtliche Maßnahmen des MfS für den Fall eines Krieges oder innerer Unruhen vor. So waren sie dafür verantwortlich, dass im Rahmen des Vorbeugekomplexes auf zentralen Befehl hin Tausende Menschen verhaftet und in Lager verbracht werden konnten. Nicht nur Bürger so genannter Feindstaaten sollten im Ernstfall interniert, sondern auch politisch unzuverlässige DDR-Bewohner binnen Stunden in Isolierungslager eingeliefert werden. Zusätzlich war die AGM lange Zeit für die Ausbildung und den Einsatz von Spezialkräften zuständig, die in der Bundesrepublik Anschläge, Liquidierungen und Sabotageaktionen durchführen sollten. Schließlich war die AGM für die Arbeit des Ministers für Staatssicherheit, Erich Mielke, im Nationalen Verteidigungsrat der DDR verantwortlich.

Der AGM/B, der von Oberst Manfred Beulich geleitet wurde, kümmerte sich um

Unterkunftsgebäude des Lagers X (heutiger Zustand, Aufnahme von 2002)

die Regierungsbunker und Schutzräume des MfS. Die zuletzt 447 Mitarbeiter bewirtschafteten die entsprechenden Waldgrundstücke, die mit Feuerwehreinrichtungen und Hubschrauberlandeplätzen ausgestattet waren, nahmen Wartungs- und Instandhaltungsarbeiten vor und hielten die Anlagen auf dem neuesten technischen Stand.

Abteilung Nachrichten

Im Sperrgebiet Hohenschönhausen befand sich auch ein Teil der Abteilung Nachrichten (N) des MfS. Sie war zuständig für die internen Nachrichtenverbindungen beim DDR-Staatssicherheitsdienst.

In der Freienwalder Straße 14 unterhielt die Unterabteilung N 4 einen Hallenbau. Das Objekt wurde in den achtziger Jahren vom Referatsleiter Leutnant Schulze geleitet. Die Unterabteilung beschäftigte etwa 120 Mitarbeiter und war für Montage und Wartung der leitungsgebundenen Nachrichtennetze des MfS verantwortlich.

Die Abteilung N gehörte zu den großen Diensteinheiten des MfS. Nachdem beim Volksaufstand am 17. Juni 1953 die interne Kommunikation wegen Überlastung der Leitungen teilweise zusammengebrochen war, wurde der Bereich systematisch ausgebaut. Zwischen 1960 und 1989 wuchs der Mitarbeiterbestand von 67 auf 1559. Seit 1964 leitete der ehemalige Fernmeldemonteur Karl Zukunft die Abteilung. Diese organisierte nicht nur die Nachrichtenverbindungen bis hinunter zu den Kreis- und Objektdienststellen, sondern überwachte auch die Kommunikation mit der SED und dem Staatsapparat. Außerdem schirmte sie das geheime Regierungsnetz der DDR und den diplomatischen Funkdienst ab.

Hauptabteilung Personenschutz

In den fünfziger Jahren residierte im Sperrgebiet Hohenschönhausen auch die Abteilung, die für den Schutz der Staats- und Parteifunktionäre zuständig war. Während in anderen Staaten meist speziell ausgebildete Polizeikräfte diese Aufgabe übernehmen, traute die SED auch in dieser Beziehung nur dem MfS. Mit 3762 Mitarbeitern war die Hauptabteilung Personenschutz (PS) 1989 eine der größten Diensteinheiten. Wie berechtigt die Furcht der SED vor dem eigenen Volk war, hatte sich vor allem beim Volksaufstand am 17. Juni 1953 gezeigt, als Demonstranten im ganzen Land die Parteizentralen stürmten und das Politbüro ins sowjetische Hauptquartier nach Berlin-Karlshorst flüchten musste.

Zu den Aufgaben der Abteilung gehörte insbesondere der Begleitschutz für die führenden Politiker der DDR sowie die Sicherung ihrer täglichen Fahr- und Protokollstrecken. Seit 1960 war die Abteilung zudem für die Betreuung und Versorgung der Politbüro-Siedlung Wandlitz zuständig. Sie stellte auch die Begleitkommandos bei grenzüberschreitenden Politikerreisen und sorgte bei öffentlichen Großveranstaltungen, z.B. am 1. Mai, für die Abschirmung der Staats- und Parteiführung. In Abstimmung mit dem Wachregiment (WR) Berlin sicherte sie zudem das Gebäude des SED-Zentralkomitees am Werderschen Markt, den Amtssitz des DDR-Ministerpräsidenten und des Staatsratsvorsitzenden, das Krankenhaus Berlin-Buch, den Palast der Republik sowie verschiedene Freizeitbereiche der Politbüromitglieder wie das Jagdgebiet Schorfheide. In Zusammenarbeit mit den Sicherheitsbehörden anderer Staaten organisierte die Abteilung den Schutz ausländischer Politiker bei Besuchen in der DDR.

Die Hauptabteilung PS war die zweitgrößte Diensteinheit des MfS. Sie verfügte auch in den Bezirksverwaltungen und sogar in den Kreisdienststellen über entsprechende Mitarbeiter. Bis 1974 wurde die Abteilung von dem gelernten Fleischer Franz Gold geleitet, danach von dessen langjährigem Stellvertreter, dem Vermessungstechniker Günter Wolf.

Die Gebäude

Die Untersuchungshaftanstalt
(Karte S. 6/7: Gebäude 1)

Nähert man sich der ehemaligen zentralen Untersuchungshaftanstalt (UHA) des Ministeriums für Staatssicherheit (MfS) in der Genslerstraße 66, sieht man schon von weitem die vier Meter hohe graue Gefängnismauer. An ihren Ecken stehen Wachtürme, die an die Berliner Mauer erinnern. Hinter der mächtigen Einfriedung befinden sich vier unterschiedlich große Gebäude: die ehemalige Großküche mit den unterirdischen Zellen der alten Untersuchungshaftanstalt, der Neubau mit dem dreistöckigen Zellen- und Vernehmertrakt, das Haftkrankenhaus mit seinen Krankenzellen und Behandlungsräumen und schließlich der Werkstatthof, in dem verurteilte Strafgefangene für das MfS arbeiten mussten.

Das Lager

Das Zentrum der Haftanlage bildet ein dunkelrotes Backsteingebäude, das Ende der dreißiger Jahre von dem Architekten H. C. Bartels entworfen wurde. Es wurde 1939 als Großküche für die Nationalsozialistische Volkswohlfahrt (NSV) fertig gestellt.

Das Gelände wurde Ende Mai/Anfang Juni 1945 von einem Kommando des Volkskommissariats für innere Angelegenheiten (NKWD) besetzt. Damals waren die hier befindlichen Gebäude noch erheblich kleiner, wie man an der Fassade der einstigen Großküche gut erkennen kann. Nach einer kurzen Umbauphase richtete die Besatzungsmacht auf dem Gelände ein Lager ein, das im Sprachgebrauch des NKWD als »Spezlager«, also als Spezial- oder Sonderlager bezeichnet wurde. Das Lager mit der

Ordnungsnummer 3 war – wie alle sowjetischen Lager in Deutschland – der Abteilung Speziallager und Gefängnisse unterstellt, die wenige Häuser weiter in der Genslerstraße 69–72 residierte. Gelenkt wurde die Abteilung vom NKWD, das später in Ministerium für innere Angelegenheiten (MWD) umbenannt wurde.

Im Speziallager Nr. 3 waren anfangs vor allem Mitglieder und kleinere Funktionsträger der NSDAP und ihr angeschlossener Organisationen inhaftiert. Auch Staatsbedienstete unterschiedlicher Hierarchieebenen wurden hier festgehalten. Darüber hinaus gab es unter den Häftlingen eine große Zahl von Ärzten, Presse- und Rundfunkmitarbeitern, Schauspielern, Künstlern oder Bankangestellten, denen man eine Kooperation mit dem NS-Staat vorwarf, darunter etwa der berühmte Schauspieler Heinrich George. Viele der Verschleppten waren Opfer von Denunziationen und haltlosen Verdächtigungen geworden. Mehr und mehr wurden auch Gegner der sowjetischen Besatzungspolitik eingeliefert. Zu ihnen ge-

Lageplan des Großküchenkomplexes, handkopiert nach einer Originalzeichnung von 1939

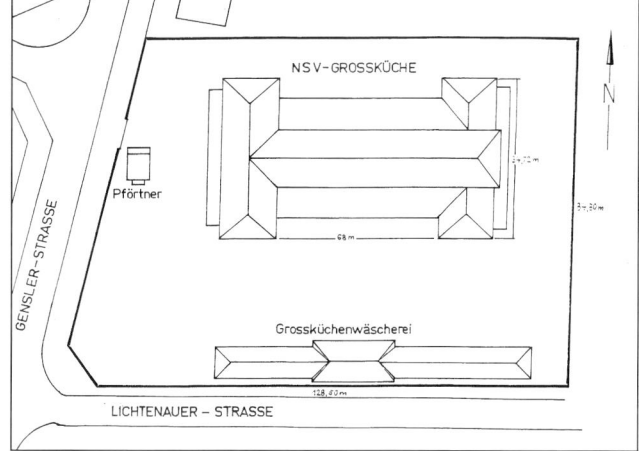

Wie das Lager entstand

Unsere Arbeiten bestanden zunächst im Bau eines etwa 2,5 Meter hohen Zaunes aus Brettern und Barackenteilen, der ein etwa einen Hektar großes Gelände eingrenzte, dem Abbau der Kochkessel in der Großküche und dem Bau einer provisorischen Latrine, eines etwa 20 Meter langen und einige Meter breiten, 1,5 Meter tiefen Grabens, über den Bretter quer und längs gelegt wurden, so dass sich lichte Rechtecke bildeten. Sie befand sich an der Südostecke des Küchenbaues, etwa 20 Meter vom Gebäude entfernt. Die endgültige Latrine wurde später in der Verlängerung

im Südostwinkel des Geländes errichtet. Nach Abschluss dieser Arbeiten wurden in den Räumen an der östlichen Stirnseite der Großküche und in der Halle des Küchenraumes – nach meiner Erinnerung zweietagige – Lagerstätten aus Brettern errichtet, auf denen die Gefangenen später schliefen. Als Unterlage und Decken dienten persönliche Habseligkeiten der Häftlinge.

Der ehemalige Häftling Erich Hermann über den Aufbau des Speziallagers Nr. 3 im Juni 1945. Quelle: Zeitzeugenarchiv Gedenkstätte Berlin-Hohenschönhausen.

hörte der sozialdemokratische Kommandant der Berliner Schutzpolizei Karl Heinrich, der schon in der NS-Zeit in Haft gesessen hatte. Er wurde aus dem ehemaligen Frauengefängnis in Berlin-Lichtenberg in die Krankenabteilung des Lagers Hohenschönhausen überführt, wo er am 4. November 1945 verstarb. Ab Sommer 1945 kamen immer mehr Jugendliche ins Lager, denen man unterstellte, sie seien Mitglieder der nationalsozialistischen Untergrundorganisation »Werwolf« gewesen. Grundlage der Internierungen war ein Befehl des sowjetischen Geheimdienstchefs Lawrentij Berija vom 18. April 1945, demzufolge das »Hinterland« der Roten Armee von Spionen, Diversanten, Terroristen, aktiven NSDAP-Mitgliedern, Polizei- und Geheimdienstangehörigen, Verwaltungsbeamten und anderen »feindlichen Elementen« zu säubern sei.

Das Lager in Berlin-Hohenschönhausen war für die meisten Häftlinge nur die erste Station ihrer Gefangenschaft. Von hier aus mussten sie in die Speziallager Sachsenhausen, Ketschendorf, Fünfeichen und Weesow bei Berlin marschieren. Vielfach – so in Jamlitz, Sachsenhausen und Buchenwald – waren die sowjetischen Lager in ehemaligen NS-Konzentrationslagern untergebracht. Insge-

samt durchliefen das Sammel- und Durchgangslager in der Genslerstraße 22 000 bis 23 000 vorwiegend deutsche Internierte aus dem Großraum Berlin. 886 von ihnen kamen nach sowjetischen Aufzeichnungen zwischen Juli 1945 und Oktober 1946 ums Leben. Weil das Lager aufgrund seiner innerstädtischen Lage nur schlecht nach außen abgeschirmt werden konnte und es wiederholt zu Beschwerden kam, wurde es im Oktober 1946 geschlossen.

Das »U-Boot«
(Karte: Gebäude 1)

Das leer stehende Küchengebäude wurde ab Ende 1946 zum zentralen Untersuchungsgefängnis des sowjetischen Staatssicherheitsdienstes (MGB) in Deutschland umgebaut. Häftlinge des Haftarbeitslagers (HAL) in der ehemaligen Fleischmaschinenfabrik »Richard Heike« errichteten dazu in den Lager- und Kühlräumen der ehemaligen Großküche einen unterirdischen Trakt mit bunkerartigen Zellen, der im Frühjahr 1947 in Betrieb genommen wurde. Die sechzig vielfach fensterlosen und feuchtkalten Kammern waren nur mit einer Holzpritsche und einem Kübel für die Notdurft ausge-

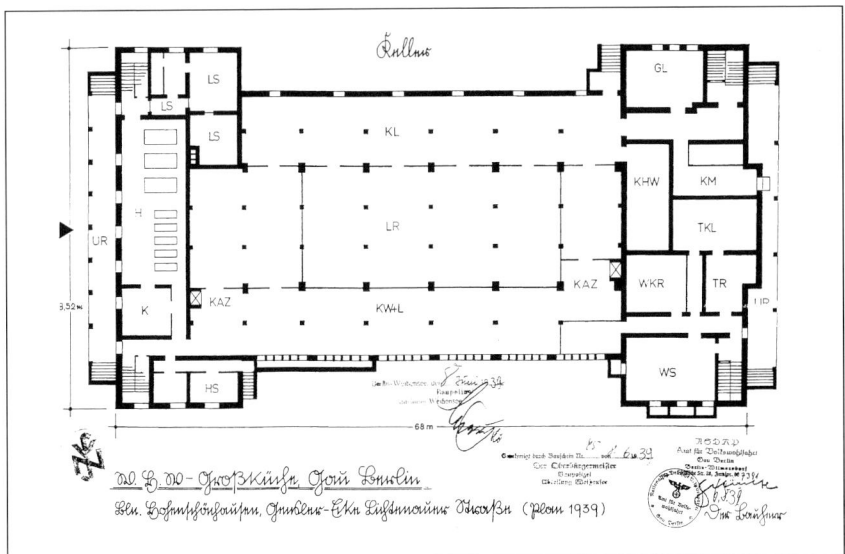

Grundriss von der Kelleretage der Groß-küche (Juni 1939)

stattet. Tag und Nacht war eine Glühbirne angeschaltet. Erst Ende der vierziger Jahre ließ das MGB eine Belüftung und teilweise auch eine Heizung einbauen. Das änderte jedoch kaum etwas daran, dass sich die Gefangenen in den Verliesen wie in einem abgetauchten Unterseeboot fühlten, weshalb sie das Gefängnis auch »das U-Boot« nannten. Die hygienischen Bedingungen spotteten jeder Beschreibung und wurden nicht nur von den weiblichen Gefangenen als extrem entwürdigend empfunden. So standen den Gefangenen bis 1951 keine Mittel für die tägliche Körperpflege – wie z.B. Kamm, Toilettenpapier oder Zahnbürste – zur Verfügung.

Zu den Inhaftierten zählten neben NS-Verdächtigen vor allem mutmaßliche politische Widersacher: Vertreter der demokratischen Parteien SPD, LDPD und CDU, aber auch Kommunisten und sowjetische Offiziere, die als nicht linientreu galten. Die Verhöre durch den sowjetischen Staatssicherheitsdienst fanden meist in der Nacht statt und waren oft von Drohungen und körperlicher Gewalt begleitet. Ehemalige Häftlinge berichteten später, wie sie durch Schlafentzug, stundenlanges Stehen, tagelangen Arrest oder Aufenthalt in Wasserzellen zu Geständnissen gezwungen wurden. Sowjetische Militärtribunale verurteilten die meisten von ihnen zu langjähriger Zwangsarbeit. Fast alle, die nach dem Ende der SED-Diktatur einen Antrag auf Rehabilitierung stellten, wurden mittlerweile von den russischen Behörden für unschuldig erklärt.

Während des »Großen Terrors« in der zweiten Hälfte der dreißiger Jahre hatte das Zentralkomitee der Kommunistischen Partei der Sowjetunion dem NKWD ausdrücklich erlaubt, Foltermethoden gegenüber »Feinden des Volkes« einzusetzen. Um den Widerstand von Inhaftierten zu brechen und sie zu den gewünschten Aussagen zu nötigen, griffen die sowjetischen Geheimdienstoffiziere auch in dem 1945 von der Roten Armee besetzten Teil Deutschlands auf diese Praktiken zurück. So ließen sie in allen größeren Untersuchungsgefängnissen so genannte Strafkarzer und andere Zellen zur Geständniserpressung einrichten.

Im Zentralgefängnis in Berlin-Hohenschönhausen gab es ab 1947 nachweislich eine nur einen Quadratmeter große Stehzelle. Es existierte ein niedriges Verlies unter einer Kellertreppe, in dem man nur hocken oder sitzen konnte. Schließlich gab es Kam-

Eine Zelle im »U-Boot«
(Aufnahme von 1995)

einem Mithäftling in vier Zellen spezielle Foltervorrichtungen einbauen musste: Beugegerüste mit Fesselvorrichtungen für Hände und Füße, Knieholzpritschen und Tropfanlagen mit Wasser. Außer seinen Angaben und Skizzen liegen über die Existenz und Verwendung der Konstruktionen keine weiteren Hinweise vor. 1993 ließ die Senatsverwaltung für Kultur, Wissenschaft und Forschung im ehemaligen »U-Boot« drei Zellen mit den von Reuter beschriebenen Folterinstrumenten rekonstruieren.

Im Sommer 1951 übernahm das MfS das Kellergefängnis und nutzte es bis 1960/61 als zentrale Untersuchungshaftanstalt. Die Art und Weise der Unterbringung änderte sich nur geringfügig. So äußerte sich der in Ungnade gefallene SED-Spitzenfunktionär Paul Merker, der von 1952 bis 1955 in Hohenschönhausen inhaftiert war, gegenüber einem Zellenspitzel über das damalige Haftregime: »Man lebt hier, als sei man lebendig begraben, ohne Zeitungen und von der Außenwelt vollkommen abgeschlossen.« Die Zellen, so Merker, glichen steinernen Särgen. Obwohl er einen großen Einblick in alle Einrichtungen des Staates gehabt habe, hätte er es nie für möglich gehalten, dass es in der DDR derartige Haftanstalten gebe.

Drohungen, körperliche Gewalt und ausgeklügelte Foltermethoden wurden im »U-Boot« auch noch zu MfS-Zeiten angewandt. Die Anweisungen dazu gaben die sowjetischen Berater. Systematischer Schlafentzug und monatelange Isolation, stundenlanges Stehen und tagelanger Arrest bei reduzierter Kost, schlimmste Erniedrigungen und Beschimpfungen gehörten in den frühen fünfziger Jahren zu den gängigen Methoden der Geständniserzwingung. Erst nach dem Tod des sowjetischen Diktators Josef Stalin befahl der damalige Innenminister, Lawrentij Berija, die »Anwendung von beliebigen Zwangsmaßnahmen und körperlicher Gewalteinwirkung« in den Untersuchungsgefängnissen des Geheimdienstes einzustellen. Viele Spitzenfunktionäre waren in den Jahren zuvor selber Opfer der Foltermetho-

mern mit erhöhter Türschwelle, in denen die Gefangenen oft über mehrere Tage hinweg so lange aus Eimern mit Wasser übergossen wurden, bis der Zellenboden zentimeterhoch unter Wasser stand.

In den Folterräumen gab es weder Liegen oder Hocker noch Notdurftkübel. Verstärkt wurde der Leidensdruck durch eine extrem reduzierte Nahrungs- und Flüssigkeitszuteilung, manchmal auch durch Entkleidung und Fesselung sowie durch kalte Luftzufuhr. Viele Gefangene verloren in den Kammern jegliches Zeitgefühl, hatten Halluzinationen oder erlitten einen Kreislaufzusammenbruch.

Der frühere Häftling Karl-Heinz Reuter berichtete zudem, dass er im Mai 1947 mit

den geworden. Grausames Schlagen der Inhaftierten, tagelanges Tragen von Handschellen bei auf den Rücken verdrehten Armen, lang anhaltender Schlafentzug oder der Einschluss nackter Gefangener in Kältekarzer waren nunmehr untersagt. Die entsprechenden Foltereinrichtungen in den Haftanstalten sollten abgebaut werden.

Auch im »U-Boot« wurden die Häftlinge nun nicht mehr durch systematische Gewaltanwendung zu Geständnissen gezwungen, doch kam es nach wie vor zu Übergriffen der Vernehmer. Durch strenge Einzelhaft, nächtliche Verhöre, systematische Einschüchterung und die Androhung schwerster Strafen wurden die Häftlinge massiv unter Druck gesetzt, die belastenden Vernehmungspro-

tokolle des Staatssicherheitsdienstes zu unterzeichnen. Auf dieser Grundlage wurden sie anschließend vor Gericht gestellt und verurteilt.

In Berlin-Hohenschönhausen saßen die aus Sicht des MfS besonders wichtigen Untersuchungsgefangenen ein, die meisten wegen so genannter politischer Delikte. Die Liste der Inhaftierten reichte von den Streikführern des Aufstands am 17. Juni 1953 bis zu Anhängern der Zeugen Jehovas. Auch Reformkommunisten wie der Leiter des Aufbau-Verlages Walter Janka und in Ungnade gefallene Politiker wie der ehemalige DDR-Außenminister Georg Dertinger (CDU) saßen monatelang in den gruftartigen Zellen ein. Sogar SED-Kritiker aus dem Wes-

Konferenzzimmer im Verwaltungsgebäude der zentralen Gefängnisabteilung. Möbel und Leuchter wurden von Häftlingen des Strafgefangenenkommandos angefertigt (Aufnahme vom November 1990)

ten wurden damals vom MfS entführt und nach Hohenschönhausen verschleppt – wie der West-Berliner Rechtsanwalt Walter Linse, der 1952 gekidnappt und ein Jahr später in Moskau hingerichtet wurde. Insgesamt waren von 1951 bis 1989 im zentralen Untersuchungsgefängnis des MfS rund 11 000 Personen in Haft. Sie kamen vorwiegend aus der DDR, aber auch aus der Bundesrepublik und anderen Staaten.

Nach dem Bau eines neuen Gefängnisses im hinteren Teil des Geländes nutzte der Staatssicherheitsdienst das »U-Boot« ab 1961 nur noch als Materiallager, zeitweise auch als Arbeits- und Wohnbereich für Arbeitsbrigaden von Strafgefangenen. Die ehemalige Häftlingsküche mit einer Kapazität von 250 warmen Essenportionen versorgte nun das MfS-Personal. Im ehemaligen Sanitärbereich des Kellergefängnisses ließ das MfS in den siebziger Jahren eine Sauna für seine Mitarbeiter einbauen. Das darüber liegende Backsteingebäude wurde 1966/67 von Häftlingen des benachbarten Arbeitslagers X um zwei Stockwerke erhöht. Es diente der Gefängnisabteilung der Staatssicherheit als Dienst- und Verwaltungssitz, auf zwei Etagen beherbergte es Büros der Ermittlungsabteilung.

Der Gefängnisneubau
(Karte: Gebäude 1)

Hinter dem alten Gefängnis errichteten Strafgefangene des Lagers X ab 1959 einen

Verhörmethoden im »U-Boot«

Ja, ich wurde auch geschlagen (zeitweilig). Ich wurde mit Fäusten geschlagen, ich wurde mit einem Vierkantenlineal aus Stahl geschlagen. Bei einer Vernehmung wurde ich an den Tisch gesetzt. Der Chef der sowjetischen Vernehmer-Brigade, welcher neben mir saß, schlug mir mit der flachen Hand in kurzen Intervallen an das kranke Herz, obwohl er wusste, dass ich zweimal einen Herzinfarkt hatte. Diese Tortur dauerte etwa zwei Stunden. In derselben Nacht wurde ich an die Schienenbeine getreten, mit den Fäusten auf den Kopf geschlagen, und es wurden mir Haare ausgerissen. Bei einer anderen Vernehmung wurde mir die Brille zerschlagen. Die Platinfassung der Brille wurde gestohlen. Bei anderen Einzelvernehmungen musste ich stundenlang stehen. Die Hände waren mit Handschellen auf dem

Rücken gefesselt, und ich musste das Gesicht zur Wand drehen. Zu den Vernehmungen wurde ich im Jahre 1951 bis 1952 überhaupt nur gefesselt geführt, obwohl keinerlei Fluchtmöglichkeit und keine Fluchtabsicht bestanden.

Der frühere KPD-Vorsitzende Fritz Sperling wurde im Januar 1951 im Regierungskrankenhaus der DDR trotz schwerer Krankheit verhaftet und in die UHA Berlin-Hohenschönhausen eingeliefert. In einem Geheimprozess wurde er zwei Jahre später als »Kriegsverbrecher, Faschist und Agent« angeklagt und zu sieben Jahren Zuchthaus verurteilt. Nach seiner Begnadigung im März 1956 stellte eine Untersuchungskommission der KPD seine Unschuld fest. In dem zitierten Schreiben an die Parteiführung schilderte er ausführlich die Verhörmethoden im »U-Boot«.
Quelle: Karl Heinz Jahnke: » ... ich bin nie ein Parteifeind gewesen«. Der tragische Weg der Kommunisten Fritz und Lydia Sperling. Bern 1993, S. 83f.

U-förmigen, dreigeschossigen Neubau. 1961 ersetzte er das »U-Boot« als Untersuchungsgefängnis. Bis Anfang 1990 diente das Gebäude als zentrale UHA des MfS. Durch Übergänge war es mit den Büros der Gefängnisverwaltung in dem alten Backsteingebäude und ab 1973 mit dem sechsstöckigen Plattenbau der Ermittler in der Lichtenauer Straße verbunden.

Der Gefängnisneubau war speziell auf die Bedürfnisse des Staatssicherheitsdienstes ausgelegt: Im Nord- und Ostflügel befand sich der dreistöckige Hafttrakt mit über hundert Zellen für ein bis vier Personen. Darüber existierte noch ein Attika- bzw. Mezzaningeschoss, das eine Art Dachboden bildete. Im Südflügel des Gefängnisneubaus lag der Vernehmertrakt, der durch Gitterschleusen mit dem Zellentrakt verbunden war.

Ab Ende der sechziger Jahre wurden die Häftlinge über eine Fahrzeugschleuse am Nordflügel des Zellentrakts eingeliefert. Dabei handelte es sich um eine Art Garage, die es ermöglichte, die Gefangenen erst im Gebäudeinnern aus dem Transportfahrzeug zu entladen, sodass sie nicht erkennen konnten, wo sie sich befanden. Am Anfang des Zellenbereichs lag ein vergitterter Raum, dessen Außenwand aus Glasbausteinen bestand. Hier mussten sich die Häftlinge bei ihrer Einlieferung vollständig entkleiden, und ein MfS-Mitarbeiter kontrollierte ihren nackten Körper einschließlich der Körperöffnungen auf verdächtige Gegenstände. In einem Fotoraum neben der Effektenkammer erfolgte die erkennungsdienstliche Behandlung. Auf allen drei Etagen existierten Wach- und Stationsleiterzimmer, Duschen und Dunkelzellen. Im Zellentrakt gab es zudem eine medizinische Ambulanz mit Röntgenraum und Zahnstation sowie einen Gefängnisladen (»Konsum«) und eine Häftlingsbibliothek. Als besondere Vergünstigung konnten im Konsum bestimmte Waren bestellt werden. Im Keller befanden sich zwei schallisolierte Gummizellen und die Gefangenenküche.

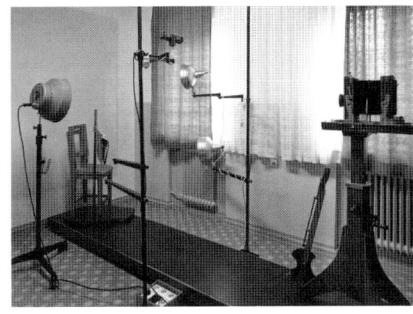

Nord- und Westflügel des Gefängnisneubaus. Im Vordergrund der so genannte Rosenhof (Aufnahme vom November 1990)

Fotoraum im Westflügel des Gefängnisneubaus (Aufnahme vom November 1990)

Außerdem gab es einen Haftbereich für bereits verurteilte weibliche Strafgefangene, die in der Gefängnisversorgung arbeiten mussten. Weiterhin lagen dort der Pumpenraum für die Zentralheizungsanlage des Gefängnisneubaus und ein unterirdischer Verbindungsgang zum »U-Boot«.

Im Vergleich mit den Kellerverliesen des »U-Boots« stellten die Zellen des Gefängnisneubaus eine deutliche Verbesserung dar. Anfang der sechziger Jahre bestand die Einrichtung aus einer zwei Meter langen und 85 Zentimeter breiten Holzpritsche mit Matratze und Decke sowie einem Tisch und einem Hocker, die beide am Fußboden festgeschraubt waren. Darüber hinaus gab es nur noch eine Toilette ohne Sitz und Deckel. Zwar existierte kein Fenster im eigentlichen Sinne, doch eine Konstruktion aus Glasbausteinen und Luke ließ immerhin gedämpftes Tageslicht und etwas Frischluft in die Zelle, wenn sie auch keinen Blick nach

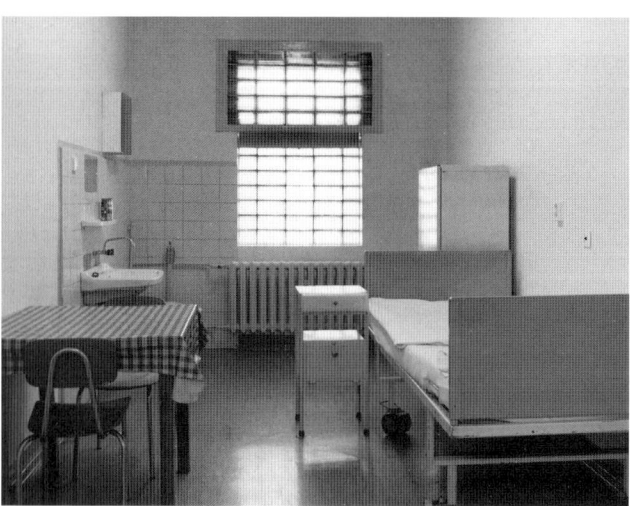

Gummizelle im Keller des Gefängnisneubaus (Aufnahme vom Dezember 1991)

Zelle im Haftkrankenhaus (Aufnahme vom November 1990)

draußen erlaubte. Unter diesem »Fenster« befand sich eine mit Lochblech verkleidete Zentralheizung, die nicht regulierbar war. Die Zellentüren, die mit einer Durchreiche (»Fressluke«) und einem Spion ausgestattet waren, hatten an der Innenseite eine 1,5 Millimeter starke Verkleidung aus Eisen-

blech. Die Deckenlampe mit Neonröhren, eine im Mauerwerk befindliche Kontroll-lampe über der Zellentür sowie die später installierten Steckdosen konnten nur von außen durch den Wärter bedient werden.

Erst später wurden in den Zellen kleine zweitürige Wandschränke für Seife, Kamm, Zahnbürste, Brille und eventuell Zahn-ersatz sowie ein Waschbecken eingebaut. Die Toilettenbecken wurden mit Sitz und Deckel versehen. Zeitgleich installierte das MfS in den Mehrpersonenzellen Abhöran-lagen und auf den Gängen Kameras. Nach einer mehrmonatigen Renovierung des Zel-lentrakts, der für diese Zeit außer Betrieb genommen wurde, gab es in den Zellen ab 1983 erstmals warmes Wasser und einen in die Wand eingelassenen Spiegel.

In den so genannten Verwahrräumen herrschte ein strenges Haftregime. In der »Gemeinsamen Anweisung über die Durchführung der Untersuchungshaft« vom 8. November 1968 wurden einheitliche Ord-nungs- und Verhaltensregeln für Untersuchungsgefangene der Staatssicherheit und des Innenministeriums festgelegt. Als besonders belastend empfanden es viele Häftlinge, dass ihr Name durch eine Häftlingsnummer ersetzt wurde, mit der sie sich beim Öffnen der Zelle in einer bestimmten Position zu melden hatten. Ebenso entwürdigend erschien den meisten die permanente Überwachung durch den Türspion, die auch beim Schlafen und selbst beim Benutzen der Toilette erfolgte. Auf Dauer zermürbend wirkte insbesondere die wochenlange Unterbindung aller zwischenmenschlichen Kontakte sowie die schikanöse Reglementierung des Gefängnisalltags und der Nachtruhe. So war es beispielsweise nicht erlaubt, während der Nacht die Hände unter die Decke zu nehmen oder den Kopf vom Türspion wegzudrehen. Tagsüber durfte die Pritsche nicht benutzt werden. Eine spezielle Ampelanlage auf den Fluren sorgte dafür, dass der Häftling auch beim Transport zur Dusche oder zum Vernehmer keinen Mitgefangenen zu Gesicht bekam. Auf die Zeit oder die Art des Essens hatten die Häftlinge keinen Einfluss. Manchen machten auch die zu hohen oder zu niedrigen Temperaturen in der Zelle zu schaffen. Viele Gefangene litten zudem darunter, dass sie monatelang keinerlei Grün zu Gesicht bekamen und das Wachpersonal nur im Kommandoton (»Kommse«, »Gehnse«) mit ihnen verkehrte.

Hinter dem Zellentrakt, auf der Ostseite des Geländes, befanden sich zwölf Hofgangzellen, in die die Häftlinge bis zu drei-

Der Generalstaatsanwalt
der Deutschen Demokratischen Republik

Der Minister für
Staatssicherheit

Der Minister des Innern
und Chef der Deutschen Volkspolizei

000037 ✳

Gemeinsame Anweisung

über die

Durchführung der Untersuchungshaft

(Untersuchungshaftvollzugsordnung)

– UHVO –

ßig Minuten täglich eingeschlossen wurden, damit sie etwas frische Luft bekamen. Die nach oben offenen Zellen hatten jeweils eine Grundfläche von vier mal zehn Metern und waren von einer vier Meter hohen, mit Alarmanlage und Stacheldraht versehenen Mauer umgeben. Auf einer metallenen Beobachtungsbrücke patrouillierten bewaffnete Posten. Eine Kamera überwachte zusätzlich die Anlage. In den achtziger Jahren waren die Boxen zudem mit Maschendraht abgedeckt, was ihnen bei

Gemeinsame Haftordnung des Ministeriums des Innern und des Ministeriums für Staatssicherheit

Das Wachpersonal bringt einen Gefangenen in seine Zelle zurück (MfS-Schulungsmaterial, Anfang der sechziger Jahre)

Eine Viermannzelle (Aufnahme vom November 1990)

Freiganghöfe an der Rückfront des Gefängnisneubaus (MfS-Schulungsmaterial, Anfang der sechziger Jahre)

den Untersuchungshäftlingen die Bezeichnung »Tigerkäfige« einbrachte. Während des Hofgangs, den die Gefangenen zellenweise absolvieren mussten, war das Sprechen und Singen verboten. Desgleichen war es untersagt, den Rundgang zu unterbrechen oder sich zu sehr den Begrenzungsmauern zu nähern.

Der Vernehmertrakt im Südflügel des Gefängnisneubaus bestand aus 120 Verhörzimmern. Hier fanden die sich mitunter über Monate hinziehenden, meist mehrstündigen Verhöre statt. Die Zimmer waren mit einem Aktenpanzerschrank, einem Bürostuhl sowie einem Schreibtisch mit Telefon und Schreibmaschine ausgestattet. In einem weiteren Schrank war eine Abhöranlage versteckt. In der Regel musste der Häftling auf einem Hocker in der Ecke Platz nehmen, sodass er beim Öffnen der Tür nicht erkennen konnte, wer hinein-

Vernehmerzimmer (Aufnahme vom November 1990)

schaute. Einen bequemeren Sitzplatz in der Nähe des Vernehmers durfte der Gefangene einnehmen, wenn er das Protokoll unterschrieb oder – als besondere Vergünstigung – einen Kaffee angeboten bekam. Der Vernehmer entschied auch darüber, ob er die Vorhänge zuzog oder den Blick nach draußen frei ließ, sodass die Häftlinge, anders als in der Zelle, ein Stück Himmel sehen konnten.

Die Methoden des Oberleutnant Hübsch

Etwa 15-mal schlägt Hübsch in knapp drei Monaten Untersuchungshaft in rasender Wut auf den Gefangenen ein. »Wenn er wütend wurde«, erinnert sich K., »sprang Hübsch auf, schaltete das Tonband ab und stürzte sich auf mich.« Einmal stößt er ihn mit solcher Wucht vom Stuhl, dass K. mit dem Kopf gegen die Heizung schlägt. Als er am Boden liegt, tritt Hübsch auf ihn ein. Wie er in die Zelle zurückgekommen ist, weiß Norbert K. nicht. Er erwacht ne-

ben dem Klo, er hat fürchterliche Schmerzen im Bein und in der Hüfte, der Kopf dröhnt, die Ohren schmerzen.

1990 eröffnete der frühere MfS-Vernehmer Jörg Hübsch mit anderen ehemaligen Vernehmern eine Anwaltskanzlei. 1999 wurde er wegen Körperverletzung zu sechs Monaten Haft auf Bewährung und 6000 Mark Schmerzensgeld verurteilt.
Quelle: Berliner Zeitung vom 15./16. Januar 2000.

Zu Dienstbeginn begab sich der jeweilige »Untersuchungsführer« in eines der Verhörzimmer und ließ sich dann den Häftling zuführen. Ziel der Vernehmung war es, die Gefangenen zu belastenden Aussagen zu bewegen, die als Grundlage für ihre Verurteilung dienen konnten. Dabei kam es gelegentlich auch zu körperlichen Übergriffen.

Verglichen mit der groben und brutalen Vorgehensweise in den fünfziger Jahren arbeiteten die Vernehmer jedoch spätestens seit dem Beginn des Häftlingsfreikaufs durch die Bundesrepublik in den frühen sechziger Jahren meist mit raffinierteren Methoden. Dabei konnten sie zunehmend auf wissenschaftliche Erkenntnisse zurückgreifen, die an der Juristischen Hochschule des MfS in Potsdam-Eiche gewonnen und dort als »Operative Psychologie« gelehrt wurden. Oft setzten die Vernehmer die Häftlinge mit der Androhung langjähriger Haftstrafen unter Druck oder ließen sie heimlich durch »Zelleninformatoren« aushorchen. Sie entschieden auch über Disziplinarstrafen und über die Gewährung von medizinischer Betreuung, Hofgang, Besuch oder Schreib- und Lesemöglichkeiten. Wie das gesamte Haftregime waren die Aktivitäten der Vernehmer darauf ausgerichtet, den Häftling in seiner Persönlichkeit zu destabilisieren und ihm ein Gefühl völliger Ohnmacht zu vermitteln, um so seine Widerstandskraft zu zerbrechen.

Ein Vernehmer erzählt

Nutze die ersten Minuten der Begegnung, um dein Gegenüber so weit zu verunsichern, dass er Ansatzpunkte bietet, auf denen die weitere Vernehmung aufbauen kann. Je mehr Statements, beiläufige Äußerungen, ja auch Verhaltensweisen du zum Gegenstand der Vernehmung machen kannst, desto weniger brauchst du eigenes Wissen oder auch Unkenntnis offen zu legen. Von älteren Vernehmern abgeschaut und mittlerweile mehrfach selbst ausprobiert, lief meine Taktik darauf hinaus, Frau L. zu verunsichern, indem ich ihr den Eindruck vermittelte, ich wüsste bereits alles, mit freimütigen Aussagen könnte sie deshalb nur noch sich selbst helfen, und ohnehin müsste ich, sozusagen im Vorbeigehen, nur noch ein paar Details mit ihr klären. Und immer wieder Selbstsicherheit und uneingeschränkte Macht demonstrieren und dem Gegenüber verdeutlichen, dass er zwar nach dem Gesetz, aber doch nicht wirklich Rechte hatte. [...]
*Beispielsweise das seit ewigen Zeiten angewandte »gute Vernehmer/böse Verneh-*mer«-Spiel. Damit sollte erreicht werden, dass der Beschuldigte »seinen« Vernehmer als das kleinere Übel, im besten Fall sogar als seinen »Vertrauten« ansieht. Der Ablauf ist relativ simpel: Ein anderer Vernehmer – zumeist war es jedoch ein Vorgesetzter – nimmt kurzzeitig an der Vernehmung teil, attackiert den Beschuldigten, wird zynisch, droht – »Wir können auch anders!« –, brüllt und verlässt schließlich den Raum. Der eigentliche Vernehmer, der sich während der ganzen Zeit im Hintergrund hält, hin und wieder durch Gesten und Mimik zu verstehen gibt, wie unangenehm ihm das alles ist, tritt erst jetzt wieder in Erscheinung. »Na, nun ist mein Chef ja wieder draußen, wir beide kommen schon miteinander zurecht, nicht wahr?!«*

Uwe Karlstedt arbeitete in den achtziger Jahren als Vernehmer in Berlin-Hohenschönhausen und war in der Hauptabteilung IX zuständig für die Verfolgung »politischer Untergrundtätigkeit«.
Quelle: Regina Kaiser/Uwe Karlstedt: Zwölf heisst »Ich liebe Dich«. Der Stasi-Offizier und die Dissidentin. Köln 2003, S. 53.

Zentrales Haftkrankenhaus
(Karte: Gebäude 2)

Auf der Südseite des Gefängniskomplexes befand sich bis 1990 das zentrale Haftkrankenhaus (HKH) des MfS. Der 1939 fertig gestellte, ursprünglich einstöckige Bau beherbergte zunächst die Wäscherei, zwei Wohnungen und die Garagen der benachbarten NSV-Großküche. Gegen Ende der vierziger Jahre waren hier die Vernehmerräume und die Verwaltung des sowjetischen Untersuchungsgefängnisses untergebracht.

In den fünfziger Jahren wurde das Gebäude durch das MfS vergrößert und zu einer Krankenstation umgebaut. 1960 wurde daraus das HKH. Als selbstständige Abteilung gegründet, unterstand es ab 1974 dem Zentralen Medizinischen Dienst (ZMD) des MfS.

Im Haftkrankenhaus wurden Gefangene aus den 17 Untersuchungshaftanstalten des MfS stationär (durch das Referat 1) und ambulant (durch das Referat 2) behandelt. Außerdem erstellte man psychiatrische Gutachten für Staatsanwaltschaften und Gerichte. Das Prinzip der ärztlichen Schweigepflicht galt im HKH nicht. Medizinische Einschätzungen und vertrauliche Äußerungen der Untersuchungshäftlinge wurden vielmehr an die Hauptabteilung IX weitergegeben, um die Ermittlungsarbeit zu erleichtern. Die MfS-Ärzte agierten nicht als Anwälte ihrer Patienten, sondern als Mediziner, die Teil des Systems politischer Verfolgung waren.

Das Haftkrankenhaus verfügte über Krankenzellen mit 28 Betten für weibliche und männliche Patienten. Außerdem gab es eine Röntgenstation, eine Leichenkammer sowie verschiedene Behandlungs-, Operations- und Laborräume (u.a. Gynäkologie, Zahnarzt, Physiotherapie). Bei der letzten Erweiterung 1972 entstanden am Ostteil des Gebäudes drei zusätzliche Hofgangzellen.

Erster Leiter des Haftkrankenhauses war 1960/61 Dr. Wolfgang Dorr, dem 1962 Dr. Richard Uhlig und 1964 Dr. Harald Haarfeld folgten. Ab 1969 fungierte dann der Feldscher Bernhard Landes als Chef der Abteilung. Mitte der achtziger Jahre übernahm Dr. Herbert Vogel die Leitung, dem 1989 ca. 28 Mitarbeiter unterstanden.

Werkstatthof
(Karte: Gebäude 3)

An der Nordseite des Gefängnisareals befand sich seit Beginn der sechziger Jahre noch ein Werkstatt- oder Arbeitshof für bereits verurteilte Häftlinge. Zu ihm gehörten einige Werkstätten, mehrere Garagen und anfangs eine kleine Gärtnerei mit Gewächshäusern. Ein kleines Kommando männlicher Strafgefangener musste hier und im ehemaligen »U-Boot« für die Abteilung XIV verschiedene Arbeiten verrichten. Etwa 25 Schlosser, Elektriker, Tischler, Klempner, Maurer und Maler reparierten Dienstfahrzeuge, bauten Möbel oder wurden für Wartungs- und Renovierungsarbeiten eingesetzt. Darüber hinaus überwachten sie die Heizungsanlage im Keller des Backsteingebäudes und beschickten diese mit Kohle.

Das Kommando war zunächst im ersten Stock im hinteren Teil der alten Großküche untergebracht. Beim Bau der Fahrzeugschleuse am Gefängnisneubau wurden die Gewächshäuser aufgelöst. Auch den unterirdischen Verbindungsgang zwischen »U-

Der Werkstatthof: Arbeits- und Unterkunftsbereich des aus Männern bestehenden Arbeitskommandos (Aufnahme vom November 1990)

Boot« und Neubau konnten die Strafgefangenen nun nicht mehr nutzen. Aus diesem Grund richtete die Gefängnisabteilung im Werkstatthof eine neue Unterkunft für das Männerarbeitskommando ein.

Die Gedenkstätte

Die Gedenkstätte Berlin-Hohenschönhausen auf dem Gelände der ehemaligen Untersuchungshaftanstalt ist ein Kind der friedlichen Revolution in Ostdeutschland: Wären die Bürger der DDR nicht im Herbst 1989 auf die Straße gegangen und hätten dort keine freien Wahlen erzwungen, wäre das Gelände wahrscheinlich noch heute Haftanstalt des MfS.

Nach der Schließung des Gefängnisses im Oktober 1990 plante die Berliner Justizverwaltung zunächst, das Gebäude für 2,5 Millionen Mark in eine Haftanstalt für Freigänger umzubauen. Proteste ehemaliger Gefangener und Bürgerrechtler führten jedoch zu neuen Überlegungen. Im Juli 1991 wurde das Gefängnis per Verwaltungsbeschluss für immer geschlossen. Drei Monate später empfahl der Berliner Senat, in dem Komplex »eine würdige Gedenkstätte einzurichten, die eine angemessene Erinnerung an das Leid der Opfer ermöglicht und zugleich insbesondere die unmenschlichen Zellen im sog. ›U-Boot‹ als Anschauungsobjekt erhält«. Auch das Abgeordnetenhaus von Berlin fasste 1992 einen ähnlichen Beschluss. Im selben Jahr wurde der Gefängnisbau unter Denkmalschutz gestellt.

Nach einer Zeit des Leerstands fanden ab Juni 1994 mit Hilfe einer Arbeitsbeschaffungsmaßnahme erste regelmäßige Besichtigungen des Gefängnisses statt. Im Dezember 1995 wurde die Gedenkstätte Berlin-Hohenschönhausen gegründet. Parallel dazu erarbeiteten Wissenschaftler ein Konzept für die künftige Nutzung des Geländes. Im Juni 2000 verabschiedete das Abgeordnetenhaus von Berlin ein Gesetz über die Errichtung einer Gedenkstätte als selbstständige Stiftung öffentlichen Rechts. Sie hat die Aufgabe, »die Geschichte der Haftanstalt Hohenschönhausen in den Jahren 1945 bis 1989 zu erforschen, über Ausstellungen, Veranstaltungen und Publikationen zu informieren und zur Auseinandersetzung mit den Formen und Folgen politischer Verfolgung und Unterdrückung in der kommunistischen Diktatur anzuregen«.

Die frühere Haftanstalt wird inzwischen von jährlich mehr als 120 000 Menschen besucht, darunter etwa 35 000 Schülern. Im Rahmen einer Führung – in der Regel durch ehemalige Häftlinge – können sie den Keller der einstigen Großküche mit den unterirdischen Zellen sowie den vom MfS errichteten Gefängnisneubau besichtigen. Außerdem werden ihnen die Freiganghöfe des Haftkrankenhauses gezeigt. Wichtige Teile des Gefängnisses wie die früheren Krankenzellen, die Unterbringungsorte für die eingesetzten Arbeitskommandos oder die Sauna für das Wachpersonal können vor allem aus baulichen und aus Sicherheitsgründen nur in Ausnahmefällen gezeigt werden. In der Halle der ehemaligen Großküche soll eine Dauerausstellung errichtet werden.

Ermittlerbüros
(Karte: Gebäude 4)

Wie von einer Zange wurde die Untersuchungshaftanstalt von dem weitläufigen Arbeitsbereich der MfS-Ermittler umklammert. Unmittelbar hinter und neben dem Gefängnis residierte seit den siebziger Jahren die Hauptabteilung IX, die als so genanntes Untersuchungsorgan des DDR-Staatssicherheitsdienstes firmierte. Zu sehen sind davon heute noch der sechsstöckige Plattenbau in der Lichtenauer Straße und ein dahinter liegendes Bürogebäude.

Bereits Anfang der sechziger Jahre hatten sich die Ermittler bei der MfS-Zentrale über akuten Platzmangel beklagt. Die stetig wachsende Hauptabteilung vermisste u.a. einen Tagungsraum für die Leitung sowie einen Kultur- und Aufenthaltsraum für Mitarbei-

Mitarbeiter der Ermitt-
lungsabteilung in der
Lichtenauer Straße
(März 1988)

ter, die aus den Bezirken nach Berlin ab-
kommandiert waren. Außerdem fehlten
Dienstzimmer für leitende Offiziere und für
eine geplante Auswertungs- und Kontroll-
gruppe (AKG).

Das MfS stellte die benötigten Investitions-
mittel und Materialien für das Planjahrfünft
1971 bis 1976 zur Verfügung. Vorgesehen
war ein Neubau hinter dem Gefängnis. Bevor damit begonnen werden konnte, musste das Areal jedoch aus dem Gelände des
Arbeitslagers X ausgegliedert werden. Der
Lager- und Verarbeitungsplatz für Baumate-
rialien, der sich dort ab Anfang der sechziger Jahre befand, wurde geräumt.

1973 konnte die Leitung der Hauptabteilung ihren neuen Dienstsitz in der Lichtenauer Straße beziehen. Der Plattenbau, der
die Bezeichnung Haus 50 B trug, verfügte
über etwa 160 Arbeitsplätze und diverse andere Räume. Ein Verbindungsgang verband
ihn mit dem Vernehmertrakt des Gefängnisses. Im Keller des Gebäudes befand sich eine
Abhörzentrale, über die sämtliche Vernehmerzimmer überwacht werden konnten.

Hinter dem Plattenbau errichtete der MfS-
Baubetrieb Spezialhochbau Berlin 1978 zusätzlich eine dreistöckige »Raumzelle«. Dieses vertikal zur Lichtenauer Straße angeordnete Bürohaus war ebenfalls über einen
Gang mit dem Hauptgebäude verbunden.

Es verfügte über weitere 65 Dienstzimmer
sowie je zwei Versammlungs- und Lagerräume für die MfS-Ermittler.

Auf der südlichen Seite der Lichtenauer
Straße standen ursprünglich bürgerliche Ein-
und Zweifamilienhäuser (Nr. 2–32). Sie waren im Laufe der dreißiger Jahre errichtet
worden und gehörten vorwiegend Hand-
werkern, Beamten, Angestellten und Rent-
nern. Die sowjetische Besatzungsmacht
ließ die Häuser – zusammen mit weiteren,
allerdings nur vorübergehend besetzten
Privatgrundstücken in der Gensler- und
Lössauer Straße sowie am Arendsweg – bereits im Sommer/Herbst 1945 räumen, um
sie in die Geheimdienstzone einzubeziehen.
Statt der ursprünglichen Bewohner bezo-
gen die Offiziere des benachbarten Speziallagers Nr. 3, des »kleinen« HAL in der Freienwalder Straße und, bis Anfang 1950, die
Mitarbeiter der Abteilung Speziallager und
Gefängnisse hier Quartier.

Nach der Übernahme durch den Staatssicherheitsdienst, etwa ab 1952, wohnten in
der Lichtenauer Straße sowie in der Genslerstraße 63a MfS-Angehörige der mittleren
Dienstebene. Sie arbeiteten im Sperrgebiet,
ihre Büros waren also nicht weit entfernt.
In der Lichtenauer Straße 18 lebte z.B. der
Leiter der Untersuchungshaftanstalt, Hans
Bialas, mit seiner Familie. In der Gensler-

straße 63a wohnte 1953/54 Hans Mühlner, der damals zur Gefängnisabteilung XIV
versetzt worden war und anderthalb Jahrzehnte später zum Leiter der Abteilung XVI
(Bewachung der Haftanstalten) aufstieg.

1976 beschloss das MfS, die herunterge-
wirtschafteten und für Wohnzwecke nicht
mehr geeigneten Häuser in der Lichtenauer
Straße 2–32 abzureißen. Zu diesem Zeitpunkt nutzte der Staatssicherheitsdienst nur
noch einen Teil von ihnen als Wohnheim
für junge MfS-Mitarbeiter. Im Frühjahr 1977
wurden die Gebäude, Garagen und Obst-
bäume beseitigt. Auf der planierten Fläche
entstand ein Parkplatz mit neunzig Stell-
plätzen für die Mitarbeiter des MfS. Etwa
1979 kam eine Kfz-Halle hinzu. Mitarbeiter
der Hauptabteilung IX stellten darin so genannte Asservatenfahrzeuge sicher – d.h.
beschlagnahmte Autos verhafteter Personen, etwa von Fluchthelfern – und ließen

sie kriminaltechnisch untersuchen. Das Gebäude verfügte über 25 Stellplätze und zusätzliche Lagereinrichtungen. Zur Einfriedung all dieser Objekte sowie als Sicht- und
Schallsperre wurde schließlich auf einem
fünf Meter breiten Streifen zur Lössauer
Straße hin eine Mauer mit entsprechenden
Sicherheitsanlagen errichtet. Einen weiteren Garagenkomplex für Asservatenfahrzeuge und Dienstautos der Leiter ließ die
Hauptabteilung IX ab 1976 östlich des Plat-
tenbaus auf einem Areal des ehemaligen
Lagers X bauen.

Das noch gut erhaltene Wohnhaus in der
Genslerstraße 63a blieb von der Abrissak-
tion im Frühjahr 1977 verschont. Ab 1976
diente es der Objektkommandantur des
Sperrgebiets. Diese Diensteinheit der Hauptabteilung IX wurde auf Befehl Nr. 20/75
des Ministers Erich Mielke vom 7. August
1975 gebildet. Ihr oblag – in Kooperation

Ein Vernehmer auf dem Weg zur Arbeit

*Ich passiere den Schlagbaum, kontrolliert
von Soldaten des Wachregimentes, der
Truppe, zu der ich einberufen wurde,
aber nie gelangte.*

*Vor mir kann ich schon das Gefängnis-
areal sehen und gehe geradewegs darauf
zu. Rechts von mir liegt ein Gebäudekomplex, von dem ich nur durch Flüsterpropa-
paganda erfahren hatte, dass sich darin
die Fälscherwerkstatt des MfS befände.
Ich gehe an dem vergitterten Altbau mit
seiner verschnörkelten Gründerzeitfassa-
de vorbei. In diesem Haus ist die Hauptabteilung IX/II untergebracht, jene Abteilung, die sich mit der Aufspürung von
noch lebenden Nazi- und Kriegsverbre-
chern beschäftigt. Dahinter das Archiv,
u.a. Aufbewahrungsort der Hand- und
Gerichtsakten, die in den späten achtziger Jahren in die Zentrale nach Lichtenberg umgelagert wurden. Daneben steht
das große Gebäude des »Operativ-Techni-*

*schen-Sektors« (OTS), das eine Vielzahl
von Labors beherbergt und in dem ich
schon ein paar Mal war, um Sachverstän-
digengutachten, z.B. zu Schriftuntersu-
chungen, abzuholen.*

*Schließlich stehe ich vor der hohen Ge-
fängnismauer mit dem verschiebbaren
Stahltor. Neben dem Tor ist eine kleine
Tür eingelassen, die man fast übersehen
könnte. Ein Sehschlitz in Gesichtshöhe.
Dort zeige ich das zweite Mal den Aus-
weis, nunmehr gegenüber Mitarbeitern
der Abteilung XIV, die für die Sicherung
der Haftanstalt verantwortlich sind. Ich
gehe um das U-förmige Haftgebäude und
den Seitenflügel, in dem sich die Verneh-
merbüros befinden, herum und gelange
in das Verwaltungsgebäude der Hauptabteilung IX.*

*Quelle: Regina Kaiser/Uwe Karlstedt: Zwölf
heißt »Ich liebe Dich«. Der Stasi-Offizier und die
Dissidentin. Köln 2003, S. 92f.*

mit den Kräften des Wachregiments (WR) –
vor allem die äußere Abschirmung des Sperrgebiets. Ferner sollte sie die Vorschriften
auf den Gebieten Gesundheits-, Arbeits- und
vorbeugender Brandschutz durchsetzen.

Die Objektkommandantur reglementier-
te und kontrollierte den gesamten Fußgän-
ger- und Kraftfahrzeugverkehr ins und aus
dem Sperrgebiet. Sie erfasste alle MfS-frem-
den Personen, die das Sperrgebiet betraten.
Personen, die unter Verdacht standen, die
Sicherheit des Sperrgebiets zu gefährden,
konnte der Kommandant jederzeit festneh-
men lassen und »notwendige Maßnahmen
zur Klärung des Sachverhaltes einleiten«.
Weiterhin kontrollierte die Kommandantur
die Funktionsfähigkeit der äußeren Siche-
rungsanlagen.

Zur Objektkommandantur gehörten der
Kommandant, sein Stellvertreter und die
Diensthabenden im Anmeldungsbüro am
Haupttor an der Freienwalder Straße. Ob-
jektkommandant war Hauptmann Rüdiger,
ab 1978 dann Major Jochen Pfeffer.

1990, nach der Auflösung der Ermitt-
lerabteilung, unterstand der ehemalige
Dienstkomplex der Hauptabteilung IX zunächst dem DDR-Innenministerium. Anschließend beherbergte er kurzzeitig das
Landeskriminalamt der neuen Bundeslän-
der. Ende der neunziger Jahre wurden die
Asservatengarage und die anderen Anlagen
in der Lichtenauer Straße sowie das mittlerweile brandgeschädigte Gebäude der Objektkommandantur abgerissen. Auf dieser
Fläche entstanden ab 1998 19 Zweifamilienhäuser.

Arbeitslager X
(Karte: Gebäude 5)

Unmittelbar neben der heutigen Gedenkstätte in der Genslerstraße 69–72 befindet sich das Gelände des ehemaligen Kfz-
Dienstes der DDR-Staatssicherheit. Das
7535 Quadratmeter große Terrain gehörte
ursprünglich dem Fleischmaschinenfabri-
kanten Richard Heike. 1921 ließ dieser hier
eine Montagehalle, ein vierstöckiges Kontorhaus und daran angeschlossen ein fla-
ches Lagergebäude errichten. Die Fabrika-
tions- und Lagerräume auf dem Nachbar-
grundstück (vormals Genslerstraße 68), das
ebenfalls Heike gehörte, entstanden 1919
und 1922.

In der Folgezeit wurden die Gebäude an
verschiedene Unternehmen verpachtet und
von den jeweiligen Nutzern für ihre Zwecke
zum Teil umgebaut oder erweitert. Zu Kriegsende hatte in der Genslerstraße 69–72 die
Firma »Erwin Neuendorf. Häute und Felle.
Import-Export« ihren Sitz. Sie war die einzige in Berlin zugelassene Großhandels-
einrichtung für den An- und Verkauf von
trockenen Fellen. In der Genslerstraße 68
residierten im Frühjahr 1945 die Produk-
tionsabteilung des Asid Serum-Instituts und
die Asid Presswerk AG. Die Gebäude beider
Unternehmen waren jedoch durch Bombardierungen während des Krieges stark in
Mitleidenschaft gezogen.

Nachdem das Gelände in der Genslerstraße 69–72 kurze Zeit von der Roten
Armee besetzt worden war, wurde hier
Anfang Juli 1945 die Abteilung »Spezlager«
des NKWD/MWD einquartiert. Die Firma
Asid hingegen durfte wegen ihrer Bedeutung für die medizinische Versorgung von
Groß-Berlin noch eine Zeit lang weiterar-
beiten. Das Unternehmen produzierte Impf-

*Parkplatz der Gefäng-
nisabteilung und
Aservatenhalle der
Ermittlungsabteilung
(März 1988)*

stoff und Seren für die Seuchenbekämpfung, zu deren weiterer Herstellung es durch strenge Auflagen der alliierten Besatzungsbehörden verpflichtet worden war. Aus Sicht des sowjetischen Geheimdienstes stellte die Produktionsstätte allerdings ein Sicherheitsrisiko dar, da sich nebenan das geheime Speziallager Nr. 3 befand. Auf Druck des MWD mussten deshalb das Serum-Institut und das Presswerk im Juni/Juli 1946 ihren Standort in der Genslerstraße 68 aufgeben. Die Baulichkeiten übernahm die Abteilung »Spezlager«.

Die Abteilung »Spezlager« war ein zentrales Instrument sowjetischer Repression in Deutschland. Ihre Arbeit basierte auf den Befehlen Nr. 00315 und Nr. 00461 des Volkskommissars für Innere Angelegenheiten der UdSSR, Lawrenti P. Berija, über die Einrichtung von Speziallagern, die am 18. April bzw. 10. Mai 1945 erlassen wurden. Die aus der Lagerverwaltung der 1. Weißrussischen Front gebildete Abteilung hatte anfangs ihren Sitz in Fürstenwalde. Ihr oblag die Verwaltung der zuerst acht, später zehn Speziallager sowie mehrerer größerer Gefängnisse des NKWD bzw. MWD in der sowjetischen Besatzungszone (SBZ). Nach sowjetischen Angaben aus dem Jahr 1990 waren in den Lagern insgesamt 122 971 Deutsche inhaftiert, von denen 42 889, also mehr als ein Drittel, ums Leben gekommen sein sollen.

Im Mai 1949 bestand die Abteilung u.a. aus zwanzig Offizieren, vierzig Angehörigen der Wachtruppen und einer unbekannten Zahl Chauffeure. Sie gliederte sich in Leitung, Sekretariat, Politapparat und Wachkommando und war für sechs Arbeitsbereiche zuständig, die jeweils als Unterabteilungen ausgewiesen waren: Bewachung, Regime und Nachweis, Operative Tätigkeit, Kader, Finanzen, Wirtschaft und Sanitätsangelegenheiten. Leiter der Abteilung waren die Obersten Michail E. Swiridow (Mai 1945 bis Juni 1947), N. T. Zikljajew (Juni 1947 bis April 1949) und Wladimir P. Sokolow (9. April 1949 bis März 1950).

Die Speziallager unterstanden zunächst dem Stellvertreter Berijas, Generaloberst Iwan A. Serow. Nach dessen Rückkehr nach Moskau und einer größeren Entlassungsaktion im Frühsommer 1948 wurden mehrere Lager geschlossen. Die übrigen Häftlinge konzentrierte man in den Lagern Bautzen, Buchenwald und Sachsenhausen. Die Abteilung Speziallager verlor deshalb ihre Selbstständigkeit und wurde zu einer von 22 Unterabteilungen der Hauptverwaltung der Lager (GULag) des MWD degradiert.

Der intern als »Städtchen« bezeichnete Komplex in der Genslerstraße 68–72 bestand aus drei größeren Bauten. In dem vierstöckigen Kontorhaus der Firma Neuendorf und dem sich anschließenden Flachbau an der Bahnhofstraße befanden sich der Stab der Abteilung sowie verschiedene Lagerräume. Der Hallenbau wurde als Autogarage genutzt. Im Hauptgebäude des einstigen Asid Serum-Instituts lagen die Kaserne des Wachkommandos, ein Speisesaal, ein Klub, mehrere Hafträume, die Hauptwache sowie ein Ausrüstungs- und Lebensmittellager. Gesichert war das Gelände durch einen anderthalb Meter hohen Bretterzaun. Eventuelle Überfälle auf die Abteilung sollten drei mit Maschinengewehren bestückte Feuerpunkte an der Nord- und Ostseite abwehren.

Nachdem in der DDR die letzten sowjetischen Lager aufgelöst worden waren, wurde im April 1950 auch die Abteilung »Spezlager« liquidiert. Im selben Monat erhielt der Bevollmächtigte des MGB in Deutschland, Generalmajor Grigorij A. Melnikow, von Oberst W.P. Sokolow über 160 000 Registrierkarten mit den Abgangsvermerken der deutschen und ausländischen Häftlinge.

1951 übernahm das MfS das völlig verwahrloste Gelände. Eine kleine Gruppe Gefangener, Maurer, Elektriker und Schlosser aus dem Zuchthaus Waldheim, musste auf dem Areal sowie auf einem Geländestreifen, der zum sowjetischen Untersuchungsgefängnis gehört hatte, ein Haftarbeitslager einrichten. Die ehemalige Lagerhalle der Firma Neuendorf wurde saniert und zu einem Kraftfahrzeugreparaturwerk (KRW) umfunktioniert. In neun Wochen umschlossen die Zwangsarbeiter das Gelände mit einer drei Meter hohen Mauer, die mit Stacheldraht bewehrt war und in die vier massive Wachtürme eingebaut waren. Im Dezember 1952 war das Arbeitslager bezugsfertig.

Das Lager X oder Kommando X – so die interne Bezeichnung durch das MfS – war die einzige Strafvollzugseinrichtung des DDR-Staatssicherheitsdienstes. Hier waren Personen inhaftiert, die wegen politischer oder krimineller Vergehen von sowjetischen Militärtribunalen und DDR-Gerichten verurteilt worden waren. Vereinzelt befanden sich in Hohenschönhausen auch NS-Verbrecher wie Paul Sakowski, der »Henker« von Sachsenhausen. Ab Ende der fünfziger Jahre wurden im Lager X mehrheitlich Kriminelle, unter ihnen nicht wenige Schwerverbrecher, festgehalten. Nach bisherigen Schätzungen durchliefen das Lager etwa 8000 Gefangene.

Die Häftlinge arbeiteten im Kfz-Werk, in Reparatur- und Spezialwerkstätten, in der Wäscherei, in Konstruktionsbüros und auf dem Bau. Sie warteten die Fahrzeuge der Staatssicherheit und der DDR-Regierung. Darüber hinaus entwarfen und errichteten sie weitere Untersuchungshaftanstalten und Funktionsgebäude des MfS. Zudem bauten sie Wohnhäuser und Anlagen der MfS-Sportvereinigung »Dynamo« wie z.B. die Sprungschanze in Klingenthal oder Anlagen des Sportforums in Berlin-Hohenschönhausen.

Das Alltagsleben der Häftlinge war nach dem Vorbild sowjetischer Zwangsarbeitslager organisiert. Innerhalb des Lagers gab es eine so genannte Häftlingsselbstverwaltung, d.h. Funktionshäftlinge waren für einen Großteil der inneren Organisation verantwortlich. Gleichzeitig existierte seit der zweiten Hälfte der fünfziger Jahre ein ausgefeiltes Spitzelsystem, wodurch unter den Gefangenen großes Misstrauen herrschte. Jeder musste sich genau überlegen, was er

Blick von der Bahnhofstraße auf das Lager X (Mitte der fünfziger Jahre)

Zwangsarbeit fürs MfS

Um die Kapazität der Werkstätten der H.A. Verwaltung und Wirtschaft in der Freienwalder Straße voll auszunutzen, können – wenn die dienstlichen Aufträge die volle Ausnutzung der Kapazität nicht garantieren – für Mitarbeiter des SfS. [Staatssekretariat für Staatssicherheit] Arbeiten in beschränktem Umfange – hauptsächlich Reparaturarbeiten – ausgeführt werden.

Der Arbeitsauftrag wird von einem dafür zuständigen Mitarbeiter der HA. [Hauptabteilung] Verwaltung und Wirtschaft, Abteilung Bauwesen und Liegenschaften erteilt.

Die Angehörigen der Abteilung XIV sind nicht berechtigt, Arbeiten für Mitarbeiter in Auftrag zu geben.

Die Rechnung für die Mitarbeiter soll nach dem Gesichtspunkt aufgestellt werden, daß für die aufgewendete Arbeitszeit der ortsübliche Tariflohn für die in Frage kommende Berufsgruppe (Tischler, Polsterer etc.) zugrunde gelegt wird. Außerdem sind die evtl. entstandenen Materialkosten zu berechnen. Der zu zahlende Betrag ist durch die Finanzabteilung – aufgrund der Rechnungslegung der HA. Verwaltung und Wirtschaft – vom Gehalt abzuziehen.

Bei Bestellungen sollen solche Genossen, welche selbst als Gefangene Strafarbeit [gemeint sind ehemalige NS-Gefangene] geleistet haben, bevorzugt werden.

Aus einem Schreiben des Staatssekretärs für Staatssicherheit Ernst Wollweber vom 26. Juni 1954 an die Leiter der Hauptabteilungen und selbstständigen Abteilungen im Staatssekretariat für Staatssicherheit.

Quelle: BStU, MfS VRD 56, Bl. 7.

---

wem anvertraute, da er sonst Gefahr lief, denunziert zu werden. Unbotmäßige Äußerungen und andere Regelverletzungen konnten mit tagelangem Arrest in Strafzellen geahndet werden.

In der Vorstellung des Staatssicherheitsdienstes sollten die Verurteilten durch die Einweisung ins Lager nicht nur bestraft, sondern auch sozial erzogen und politisch beeinflusst werden. Die Lagerleitung förderte deshalb die kulturelle und sportliche Betätigung der Häftlinge. Sportwettkämpfe, Kinobesuche, Fernsehabende, politische Agitation, Kulturabende und berufliche Weiterbildung waren Teil des Lagerlebens. Als Besserungsanstalt stellte das Lager X in gewissem Sinne ein Abbild der DDR dar, in der die Bevölkerung ebenfalls ständiger Kontrolle und kommunistischer Indoktrination ausgesetzt war.

Die Existenz des Lagers wurde zu DDR-Zeiten streng geheim gehalten. Zur Tarnung wurde der – beschränkte – Postverkehr der Häftlinge über andere Gefängnisse abgewickelt, zunächst über Luckau, später über Berlin-Rummelsburg. Dorthin wurden die Gefangenen auch transportiert, wenn sie Besuch von Angehörigen erhalten durften. Über ihren wirklichen Aufenthaltsort und ihre Beschäftigung durften sie mit niemandem sprechen.

In den fünfziger Jahren war die Verantwortung für das Lager X geteilt. Bewachung und Organisation lagen in den Händen der zentralen Gefängnisabteilung XIV. Die Arbeitseinsätze der Häftlinge wurden dagegen von der Hauptabteilung Verwaltung und Wirtschaft organisiert. Von 1960 bis 1974 unterstand das Lager dann der neu gebildeten Abteilung XVI, die für die Bewachung aller MfS-Haftanstalten zuständig war. Die Tätigkeit der Häftlinge wurde nun von der Hauptverwaltung B (Beschaffung) geplant und kontrolliert. Erster Lagerleiter war der Polizeirat Karl Keilhofer (1952/54), sein Nachfolger Hauptmann Ludwig Hartmann

Skizze des Lagers X von
Herbert Richter, Häft-
ling im Lager (zweite
Hälfte der sechziger
Jahre)

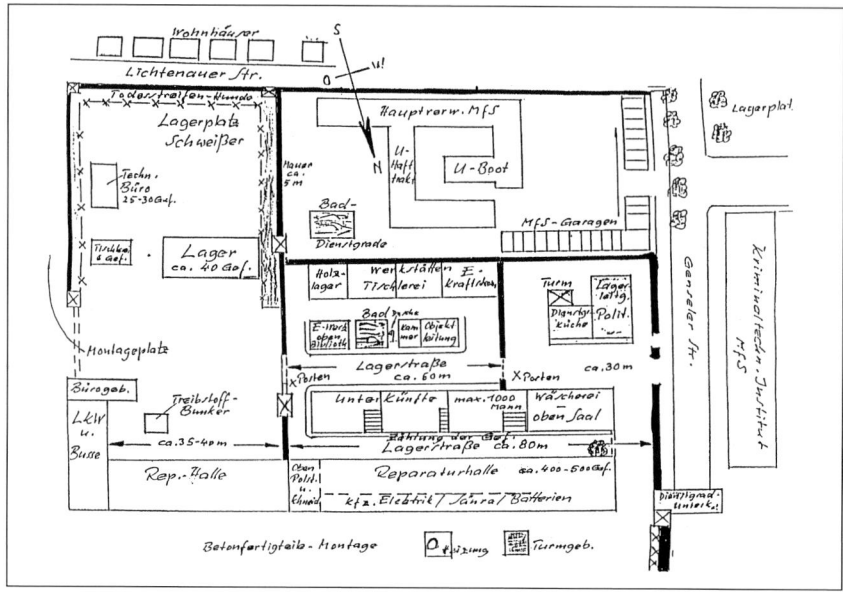

(1954–1959). Später kommandierten Oberstleutnant Paul Rumpelt (1960/61), Major
Kurt Zimmermann (1961–1964), Oberstleutnant Günther Zabel (1964–1968) und Oberstleutnant Hans Mühlner (1968–1974) das
Arbeitslager.

Die Häftlinge waren anfangs in einem
zweigeschossigen Gebäudeteil der Firma
Asid (heute Haus C 2) untergebracht. Bereits in den ersten Monaten mussten sie ein
massives Feuerlöschbecken (zwischen den
Häusern D und F) und einen Flachbau für
Werkstätten (heute Haus E) errichten. Für
das MfS-Personal sollten sie das ehemalige
Verwaltungsgebäude der Firma Neuendorf,
ein heute nicht mehr existentes Hochhaus,
instand setzen. Das Löschbecken mit den
Ausmaßen von 9,5 mal 25 Metern wurde
mit einem Sprungturm und Startblöcken ausgestattet, sodass es von den Häftlingen auch
als Schwimmbad benutzt werden konnte.
Das Becken dient heute als Parkplatz, doch
die Startblöcke und die Beschriftung der
Bahnen sind noch gut zu erkennen.

Das Gebäude, in dem die Strafgefangenen untergebracht waren, wurde 1953/54
durch An- und Umbauten an den Giebel-
seiten weiter ausgebaut. Im hinteren Teil

(heute Haus C 1) richtete die Lagerverwaltung ein Magazin und später weitere Häft-
lingsunterkünfte ein. Im Trakt zur Genslerstraße hin (heute Haus C 3) befanden sich
im Parterre eine Wäscherei und darüber
ein zwei Etagen hoher Saal. In der Wäscherei reinigten und bügelten die Gefangenen
neben den Textilien, die im Lager und
im Untersuchungsgefängnis anfielen, auch
die Kleidung bzw. die Uniformen des MfS-
Personals, der Angehörigen des Wachregiments (WR) Berlin und der Mitglieder der
Sportvereinigung »Dynamo«. In dem Saal,
der heute eine Kantine beherbergt, nahmen die Häftlinge ihr Mittagessen ein und
verbrachten dort nach Arbeitsschluss ihre
Freizeit. Auf einer Bühne führten sie – in der
Regel monatlich – Theater- und Musikstü-
cke sowie Unterhaltungsprogramme auf.

An die Stelle des Volleyballplatzes vor
dem Feuerlöschbecken trat eine massive
Baracke (heute Haus D). In ihr waren eine
Kleiderkammer, ein HO-Verkaufsladen, eine
Polsterwerkstatt, die Schuhmacherei und die
Häftlingsselbstverwaltung des Lagers X –
die so genannte Objektleitung – unterge-
bracht.

Der Haupteingang ins Lager war mit einem eisernen Schiebetor versehen. Rechts davon ließ sich die Lagerleitung in der zweiten Hälfte der fünfziger Jahre ihren Dienstsitz einrichten. Häftlinge mussten dazu die ehemalige Wache erweitern und zu einem Verwaltungsgebäude (heute Haus B 1) umbauen. Neben Büros im ersten Stock, der Hauptwache und einer Personalküche mit Speisesaal im Erdgeschoss befanden sich im Keller etwa zehn Arrestzellen für die Bestrafung von Lagerinsassen. In dem an der Mauer zum Untersuchungsgefängnis gelegenen Garagenbau (heute Haus B 2) standen die Bereitschaftsfahrzeuge der Lagerverwaltung. Der gesamte MfS-Dienstbereich, den die Häftlinge nur auf Anordnung betreten durften, war durch eine Mauer und ein zweites elektrisch betriebenes Metallschiebetor wie eine gigantische Schleuse vom eigentlichen Lagerbereich abgetrennt. Während die äußere Mauer zur Genslerstraße inzwischen abgerissen wurde, ist die innere Mauer noch gut erhalten.

Zeitgleich mit diesen Umbauten entstand hinter dem Feuerlöschbecken noch ein weiterer Erweiterungsbau (heute Haus F). Wegen seiner Lage wurde er von den Häftlingen »Haus am See« genannt. Im Parterre befand sich anfangs eine Magazinausgabe-

Feuerlöschteich im Lager X (Aufnahme vom März 1996)

stelle für Bau- und Handwerkerutensilien, im ersten Stock gab es ein kaufmännisches und technisches Büro.

Anfang der sechziger Jahre wurde das Lager im Rahmen der »Neuen Objekterweiterung« weiter vergrößert. Maurerbrigaden mussten östlich des alten KRW zwei L-förmig angeordnete Sheddachhallen (heute Haus K) hochziehen. 1963/64 entstanden hier ein Karosseriebaubereich mit Lackiererei und ein Reparatursektor für Lastkraftwagen und Busse. Das alte Werk war durch eine Gebäudebrücke im ersten

Auszeichnung eines MfS-Mitarbeiters

Genosse Major Sachse ist im Objekt III der Abteilung XIV als operativer Mitarbeiter eingesetzt.

Diese verantwortungsvolle Aufgabe löst er zur vollsten Zufriedenheit seiner Vorgesetzten.

Er arbeitet vollkommen selbständig.

Genosse Major Sachse versteht es, sich geeignete Agenturen zu schaffen und anzuleiten, so dass Ausbruchsversuche sowie feindliche Gruppenbildungen unter den Strafgefangenen rechtzeitig erkannt und zerschlagen werden konnten.

In der Grundorganisation ist er aktiv als

Leitungsmitglied tätig und wirkt erzieherisch auf die Genossen ein.

Aufgrund seiner guten Leistungen, die wesentlich zur Sicherung des Objektes beitragen und als Ansporn für eine noch bessere Arbeit, schlagen wir vor, anlässlich des Jahrestages der Deutschen Demokratischen Republik Genossen Major Sachse mit einer Geldprämie in Höhe von 400,– DM auszuzeichnen.

Vorschlag des Leiters der Abteilung XIV, Hans Bialas, vom 12. September 1958 zur Prämierung von Major Otto Sachse, Leiter der operativen Arbeit im Lager X. *Quelle: BStU, MfS KS 162/63, Bl. 42.*

Stock mit der neuen Produktionsstätte verbunden.

Im Juni 1974 wurde das Lager X aufgelöst. Infolge einer Amnestie für politische und kriminelle Straftäter waren die Häftlingszahlen stark zurückgegangen. Außerdem war das Lagerareal 1973 wegen anderer Bauvorhaben wieder verkleinert worden.

Die Pflege und Instandsetzung des ministeriumseigenen Fuhrparks und der Regierungsfahrzeuge in der Genslerstraße 69–72 übernahm nun vollständig die Abteilung IV des Bereichs Kfz-Dienste. Sie gehörte – wie der Versorgungsdienst, der den Speisesaal und die Wäscherei weiterführte – zur Verwaltung Rückwärtige Dienste (VRD) der Staatssicherheit. Diese war 1974 aus der Hauptabteilung Verwaltung und Wirtschaft sowie der Hauptverwaltung B (Beschaffung) hervorgegangen.

Anfang 1990 übergab die DDR-Regierung die Gebäude in der Genslerstraße 69–72 dem VEB Autoservice Berlin (heute CSB Car Service Berlin GmbH) zur Nutzung. Nach der Wiedervereinigung erwarb die NBL Immobilien GmbH aus Berlin das Grundstück von der Treuhand. Bereits Anfang der neunziger Jahre beseitigten die neuen Nutzer die Außenmauer mit Schiebetor im Einfahrtsbereich des früheren Lagers. Zudem ließen sie an dieser Stelle ein Gebäude abreißen, das erst in der zweiten Hälfte der achtziger Jahre parallel zur Genslerstraße errichtet worden war. 1996 wurden die aus dem Jahr 1921 stammende Halle des KRW, das vierstöckige »Hochhaus« und das erst 1982 fertig gestellte eingeschossige Mehrzweckgebäude in der Genslerstraße demontiert. Anstelle des Reparaturwerks entstand 1997 ein Autohaus mit Ausstellungs- und Waschhalle, Werkstatt und Parkdeck. Um zusätzliche Stellplätze zu schaffen, wurde im März 1998 auch ein Teil des Feuerlöschbeckens abgebrochen. Inzwischen hat sich in der Genslerstraße 69–72 ein Gewerbegebiet mit dem Schwerpunkt Kraftfahrzeugreparatur und Dienstleistung etabliert.

Der »Totenacker«

Hinter den Gleisanlagen der Industriebahn Tegel–Friedrichsfelde, auf dem Grundstück Gärtnerstraße 19–26, befand sich früher der »Totenacker« des Speziallagers Nr. 3. Hier wurden 1945/46 die Leichen der verstorbenen Häftlinge auf einer etwa vier bis fünf Morgen großen Fläche in Massengräbern bestattet. Das NKWD hatte das von den Baracken des ehemaligen Wehrmachtkartenlagers geräumte Gelände ausgewählt, weil sich dort viele Bomben- und Granattrichter befanden. Im Juli/August 1945 verscharrte das Gefangenen-Beerdigungskommando dort die ersten Lagertoten, die in der Mehrzahl Opfer epidemieartiger Magen-Darm-Erkrankungen geworden waren.

Die »Beerdigungen« wurden teilweise so oberflächlich vollzogen, dass starke Regengüsse ausreichten, um die Leichen wieder freizulegen. Bürgern aus Hohenschönhausen, die bei der Suche nach brauchbaren Dingen das tagsüber unbenutzte Gelände betraten oder den Trampelpfad zwischen der Bahnhof- und Gärtnerstraße benutzten, blieb dies nicht verborgen.

Bürgerbeschwerden und die Angst vor Seuchen führten dazu, dass die Polizeiinspektion Weißensee 1945 beim Lagerkommandanten Hauptmann Tschumatschenko intervenierte, um eine Umbettung der schätzungsweise 200 bis 250 Verscharrten zu erreichen. Statt jedoch darauf einzugehen, ließ der Hauptmann alle Zugänge zum »Totenacker« absperren, Militärposten aufstellen und in etwa zehn Metern Abstand zur Gärtnerstraße 19–26 einen Zaun errichten. Gegenüber der deutschen Dienststelle äußerte er, dass es genüge, »auf die Leichen Sand bzw. Erde zu schaufeln und sie somit an Ort und Stelle zu belassen«. In der Folgezeit wurden die Verstorbenen des Speziallagers in über zwei Meter tiefen und etwa zweieinhalb mal vier Meter großen Massengräbern beerdigt. Vermutlich wurden diese mit Karbidschlamm bestreut, der

Leichen auf dem Schuttplatz

Am 8.8.45 gegen 16.30 Uhr erschien Frau Elisabeth Lollek, Bln.-Hohenschönhausen, Berliner Straße 140 wohnhaft, und meldete, daß auf dem Schuttabladeplatz in Bln.-Hohenschönhausen, Gärtnerstrasse, eine Leiche verscharrt liegt. Die bisherigen Ermittlungen ergaben, daß es sich um 37 Leichen handelt. Die Leichen liegen erst wenige Tage dort. Weiterbearbeitung erfolgt durch Kriminalpolizei.

Aus dem Tätigkeitsbericht des Polizeireviers 287, Berlin Hohenschönhausen, vom 9. August 1945
Quelle: LAB, Rep 148/1, Nr. 147.

in ehemaligen Futtersilos auf dem Gelände entsorgt worden war.

Das Karbid – ein Rückstand aus der Industriegasherstellung und wichtiger Baustoff in der defizitären Nachkriegszeit – führte damals zu Auseinandersetzungen zwischen dem Bauamt Weißensee und der Lagerverwaltung. Das Bauamt versuchte nämlich immer wieder, der Schlammbestände in der Gärtnerstraße habhaft zu werden. Ende Oktober/Anfang November 1945 gab der Bezirkskommandant Oberst Atajew das Material frei, ohne sich mit der Lageradministration abzustimmen, die das Betreten des Geländes verboten hatte. Der Versuch des Baubüros in Hohenschönhausen, entsprechend der Erlaubnis Karbid aus den Silos zu entnehmen, endete in einem Fiasko. Ein Wachposten des Lagers verhinderte den Abtransport und nahm einen der eingesetzten Arbeiter – Herbert Berg aus der Große-Leege-Straße 62 – fest. Da die Verwaltung in Weißensee und Hohenschönhausen anscheinend nichts für die Freilassung des allein erziehenden Vaters von zwei Kindern tat, wandte sich dessen Bruder Bruno am 12. November mit einem Bittgesuch an Dr. Arthur Werner, den Oberbürgermeister von Berlin. Dieser ließ sofort den Bezirksbürgermeister von Weißensee, Max Knappe, anweisen, »durch Fühlungnahme mit dem zuständigen Ortskommandanten die Freilassung von Herbert Berg zu erwirken«. Bereits am folgenden Tag wurde das Problem bei Verhandlungen mit Oberst Atajew angesprochen. Der Bezirkskommandant relativierte nun jedoch seine ursprüngliche Zusage und erklärte, dass das Karbid in Hohen-

Meldung an das Gesundheitsamt

Zu den Leichenfunden wurde nachträglich folgendes ermittelt: Das Gelände an der Gärtnerstraße befindet sich in der Nähe eines Konzentrations-Lagers, das der russischen Besatzungsarmee untersteht. Die in diesem Lager verstorbenen Insassen werden während der Nachtstunden in den Granattrichern des etwa 4–5 Morgen großen Freigeländes verscharrt. Mehrere Granattrichter mit Toten wurden festgestellt. Eine genaue Zahl kann nicht angegeben werden. Dieser Zustand ist weiterhin nicht haltbar, zumal das Moment der Seuchengefahr von Tag zu Tag steigt.
Meldung an die Bezirksverwaltung und das Gesundheitsamt für Beseitigung des Missstandes ist ergangen. Es wird angestrebt, eine Grabstelle zu ermitteln, um umgehend die Umbettung vorzunehmen.

Aus einem zusammenfassenden Tätigkeitsbericht der Polizeiinspektion Weißensee über Leichenfunde in der Gärtnerstraße vom 20. August 1945.
Quelle: LAB, Rep. 148/1, Nr. 147.

Provisorische Gedenk-
tafel auf dem Gemeinde-
friedhof Berlin-Hohen-
schönhausen (Aufnahme
von 1995)

schönhausen nicht innerhalb oder in der Nähe des Sperrzaunes abgebaut werden dürfe, »da der Wachhabende dann natürlich schießt«. Über den Verbleib des Arbeiters wolle er »Ermittlungen anstellen«. Ob dies geschehen ist, ist nicht bekannt. Bis heute konnte nicht geklärt werden, was mit Herbert Berg passiert ist. Bekannt ist aber, dass der Bezirksverantwortliche noch eine zweite Anfrage stellte, die ebenfalls ohne Ergebnis blieb.

Zwischen Juni 1945 und Oktober 1946 wurden insgesamt 886 Tote aus dem Speziallager und dem sowjetischen Haftarbeitslager in der Freienwalder Straße auf dem »Totenacker« begraben. In den folgenden Monaten, bis etwa 1948, wurden noch weitere Verstorbene aus dem HAL und vermutlich auch aus den Untersuchungsgefängnissen Hohenschönhausen und Berlin-Lichtenberg bestattet. Ihre Zahl ist jedoch nicht bekannt.

Das Areal blieb auf Veranlassung der Bezirkskommandantur auch später gesperrt. Tafeln in deutscher und russischer Sprache wiesen darauf hin, dass es verboten sei, das Gelände zu betreten. Das Grundstück, das seit 1950 formal unter treuhänderischer Verwaltung des Grundstücksamts Weißensee stand, wurde vermutlich erst ein Jahr später von der sowjetischen Besatzungsmacht freigegeben.

In der Folgezeit unterhielt der VEB Grünanlagenbau Berlin auf dem Gelände einen

Zweisprachiges Verbots-
schild in der Nähe des
»Totenackers« in der
Gärtnerstraße (1953)

Lagerplatz. Bis in die sechziger Jahre hinein türmten sich auf den Massengräbern meterhohe Berge aus Bauschutt. Danach befand sich auf dem »Totenacker« die Park- und Stellfläche eines zum VEB Wohnungsbaukombinat Berlin gehörenden Plattenwerks. Anfang der neunziger Jahre übernahm die FATEC Fahrzeug und Baumaschinen Vermietungs-Service GmbH das Grundstück.

Mit Hilfe von Zeitzeugen konnte 1995 der genaue Standort des Massengrabes ausfindig gemacht werden. Unter einer dreißig Zentimeter dicken Betonfläche und einer bis zu 2,60 Meter starken Schuttauffüllung wurden die Gebeine von 127 Verstorbenen geborgen und am 24. Oktober 1995 in Anwesenheit des damaligen Regierenden Bürgermeisters von Berlin, Eberhard Diepgen, während einer ökumenischen Trauerfeier auf dem alten Hohenschönhausener Dorffriedhof an der Rhin-, Ecke Gärtnerstraße beigesetzt. Am 15. Dezember 1999 fand am gleichen Ort die Bestattung der bei Baugrabungen aufgefundenen Knochenteile von 122 weiteren Gefangenen statt.

1998 wurde auf dem Friedhof ein so genannter Denkort eingeweiht, den der Designer Manfred Höhne gestaltete. Sein Vater war im Speziallager Nr. 3 ums Leben gekommen. Herzstück der Anlage ist das DenkSteinFeld mit etwa hundert Tonnen Feldsteinen aus der Umgebung Berlins. Auf einer 1300 Quadratmeter großen Wiese verstreut, symbolisieren die unterschiedlich großen Steine die mehrheitlich anonymen Toten der sowjetischen Haftanstalten. In ihrer »Unordnung« sollen sie die Schwierigkeit vor Augen führen, die Verstorbenen in Opfer, Mitschuldige und Täter einzuteilen. Das Steinfeld ist begehbar, die Besucher dürfen einzelne Steine auch ab- oder umlegen. Umrahmt wird die Fläche von einer dornigen Hecke, die, zusammen mit Palisadenwänden und dem als Labyrinth gestalteten Eingang, den Schmerz und die ausweglose Situation der Eingesperrten verkörpern sollen. Die Pflege des Mahnmals übernahmen Schüler des 4. Sonderpädagogischen Förderzentrums aus Berlin-Lichtenberg. Jedes Jahr am 24. Oktober findet auf dem Friedhof eine Feierstunde zum Gedenken an die Toten statt.

Die Fabrik
(Karte: Gebäude 6–9)

An der Ecke Freienwalder Straße 17–19/ Große-Leege-Straße 95–96a befand sich lange Zeit der ehemalige Produktionsstandort des Fleischmaschinenherstellers Richard Heike. Das Fabrikgebäude wurde jedoch inzwischen größtenteils abgerissen und ein Supermarkt ist an seine Stelle getreten.

Das Zentrum der alten Fabrikanlage bildeten zwei große Hallen aus Eisenfachwerk, die nach einem Entwurf des Architekten R. Lots 1910/11 entstanden waren. In den zwanziger Jahren ließ der Unternehmer Heike sie durch drei Quergebäude miteinander verbinden. Außerdem baute er in der Große-Leege-Straße 95–96, in unmittelbarem Anschluss an die dortige Halle, einen weiteren, zum Teil zweietagigen Industriebau mit dahinter liegendem Innenhof.

Im Sommer 1945 wurde der Industriebetrieb, in dem die »Friedensfertigung« gerade wieder begonnen hatte, vom NKWD besetzt und in das entstehende Sperrgebiet integriert. Generalmajor Aleksej M. Sidnew, Leiter des NKWD-Apparates in Berlin, befahl, ein aus »kombinierten Werkstätten« bestehendes Haftarbeitslager für die Reparatur von »allen möglichen Motoren, Autos, Elektro-, Gas- und Radioanlagen, Uhren, Bekleidung, Schuhwerk usw.« darin einzurichten. Die eingesetzten Arbeitskräfte waren Gefangene aus sowjetischen Speziallagern in der SBZ.

Das Arbeitslager diente der Berliner Operativen Abteilung als eine Art Handwerksbetrieb. Die Häftlinge erledigten hier für die sowjetische Geheimpolizei kostenlos Reparatur- und Bauarbeiten. In der Kfz-Werkstatt des Lagers mussten die Gefangenen z.B. gestohlene Luxuslimousinen umfrisieren und mit leistungsfähigen Rundfunkempfängern ausstatten, die über mehrere Verstärkerstufen verfügten. Die Baubrigade des Lagers war u.a. für den Umbau der ehemaligen Großküche zum zentralen Untersuchungsgefängnis des sowjetischen Staats-

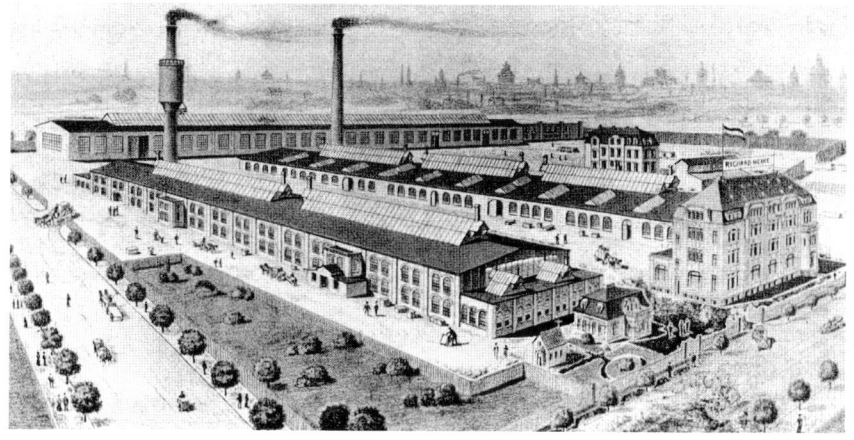

Ansicht der »Heike-Fabrik« mit Verwaltungsgebäude in der Freienwalder Straße 17–19 (ca. 1912)

Sowjetische Autodiebe

Ich bin als Chauffeur bei der Freien Gewerkschaft Berlin, Berlin C, Wallstr. 63/65, beschäftigt. Am Sonnabend, den 18.8.1945, gegen 17.30 Uhr hatte ich meine Tour beendet und stellte meinen Pkw. in der Garage Bln.-Hohenschönhausen, Berliner Str. 89, unter.

In der gleichen Garage war auch noch ein nicht fahrfertiger Pkw Marke Audi untergestellt. Der Chauffeur dieses Wagens erschien abends gegen 22.00 Uhr in meiner Wohnung und teilte mir mit, dass mein Wagen von Angehörigen der russischen Besatzungstruppen gestohlen worden sei. Auch der Wagen meines Berufskollegen wurde von den Russen mit einem Lastwagen Nr. T 74 819 abgeschleppt. Bei seinem Wagen handelte es sich um einen Adler Nr. G 1 – 934. Mir war bekannt, dass der Wagen T 74 819 von russischen Soldaten gefahren wird, die bei der Fa. Heike beschäftigt sind. Ich begab mich sofort zum Kommandanten und erhielt dort 2 Offiziere als Begleitung. Wir begaben uns zur Fa. Heike. Wir mussten vor der Fa. warten, bevor sich die russischen

Begleitoffiziere in das Werk begaben. Während des Wartens vor der Firma sah ich plötzlich meinen Wagen die Goeckestr. in Richtung Heike herunterkommen. Wir liefen sofort hin, der Wagen hielt, und stellten die Insassen, einen russischen Offizier sowie einen Russen in Zivilkleidung zur Rede und forderten die Rückgabe meines Wagens, während der Offizier schon halb entschlossen war, mir den Wagen zurückzugeben, wehrte sich der Zivil-Russe mit aller Entschiedenheit dagegen. Nach längeren Reden wurden wir dann schließlich von den beiden Offizieren aufgefordert, im Wagen Platz zu nehmen.

Da wir nicht wussten, was diese beiden mit uns vorhatten, lehnten wir das ab und gingen nochmals zurück zur Fa. Heike um die beiden Offiziere als Hilfe herbeizuholen. In der Zwischenzeit fuhren die beiden Russen mit meinem Wagen ab.

Aus dem Bericht des Polizeireviers 287, Schöneicher Straße 3–4, über einen Autodiebstahl durch Offiziere des Haftarbeitslagers vom 20. August 1945.
Quelle: LAB, Rep. 148/1, Nr. 147.

Eingangsbereich des Sperrgebiets mit ehemaliger »Heike-Fabrik« (Mitte der fünfziger Jahre)

sicherheitsdienstes in der SBZ verantwort-lich. Von Ende 1946 bis Frühjahr 1947 er-richteten etwa 75 Häftlinge in dem Gebäude einen unterirdischen Zellentrakt und diver-se Vernehmerzimmer. Außerdem führten sie Maurerarbeiten im nahe gelegenen sowjeti-schen Sperrgebiet am Ober- und Orankesee sowie in den Haftanstalten Lichtenberg, Pankow und Prenzlauer Berg aus.

Das Haftarbeitslager diente hohen NKWD-Funktionären aber auch als Quelle für per-sönliche Bereicherungen. Illegal requiriertes Beute- und Trophäengut wurde hier gesam-melt, gegebenenfalls repariert oder umge-baut und anschließend in die Sowjetunion geschickt. Besonders begehrt waren bei der sowjetischen Generalität so genannte Radiolen, d.h. Musikschränke, die von Radiospezialisten teilweise mit bis zu sechs Lautsprechern versehen wurden. Der ehe-malige Chef der sowjetischen Geheimpoli-zei in Berlin, Generalmajor Sidnew, wurde

wegen derartiger Bereicherungen 1948 so-gar verhaftet.

Nach vorläufiger Schätzung haben etwa 1500 internierte Zwangsarbeiter das sowje-tische HAL in Hohenschönhausen durch-laufen. Zur Jahreswende 1948/49 wurde es aufgelöst, die verbliebenen Gefangenen kamen nach Buchenwald und Sachsen-hausen.

Nach der Übernahme des Sperrgebiets durch das MfS nutzte dieses vom ehema-ligen »Heike-Werk« zunächst nur wenige Gebäudeteile. So war in der 74 Meter lan-gen und 30 Meter breiten Eisenfachwerk-halle, die längs zur Große-Leege-Straße lag, ein Kfz-Lager untergebracht. Auf der Höhe dieser Halle befand sich in der Freienwal-der Straße 19 die Haupteinfahrt in die Ge-heimdienstzone mit Postenhaus und An-meldungsbereich. Während anfangs nur ein Schlagbaum die Straße absperrte, zog sich in den achtziger Jahren eine zwei Meter

Ein »Marodeur« als Geheimdienstchef

In den ersten Nachkriegsjahren stand Alek-sej Matwejewitsch Sidnew an der Spitze der sowjetischen Geheimpolizei in Berlin. 1907 geboren, wurde er mit 21 Jahren Berufssoldat. Nach seinem Eintritt in die Kommunistische Partei wurde er zum Militäringenieur ausgebildet. Ab Sommer 1941 tat er an der Front in einer NKWD-Sonderabteilung Dienst. 1944 wurde er stellvertretender Chef der Spionageab-wehr der 1. Ukrainischen Front und ein Jahr später durch Serow erneut zum NKWD geholt. Im Range eines Generalmajors war Sidnew von Juni 1945 bis zum 8. Dezem-ber 1947 Chef des NKWD/MWD/MGB in Groß-Berlin. In dieser Funktion unter-standen ihm nicht nur der Berliner Ope-rative Sektor, sondern auch das zentrale Untersuchungsgefängnis und das kleine Haftarbeitslager in Hohenschönhausen. Ende 1947 wurde Sidnew zum Minister

für Staatssicherheit der Tatarischen SSR in Kasan ernannt. Auf den rasanten Aufstieg folgte ein ebensolcher Fall. Sidnew wurde vorgeworfen, er hätte nach Kriegsende aus dem Bestand der Berliner Reichsbank hundert Säcke mit über achtzig Millionen Reichsmark unterschlagen. Zu seiner Ver-teidigung führte er an, dass das Geld – in Absprache mit dem stellvertretenden NKWD-Chef Serow – für operative Zwe-cke benutzt worden wäre. Im Zusammen-hang mit den Untersuchungen fand man jedoch in seiner Leningrader Wohnung auch noch 600 silberne Besteckteile, etwa hundert Schmuckgegenstände aus Platin und Gold sowie französische Gobelins aus dem 17. und 18. Jahrhundert. Sidnew wurde daraufhin am 28. Januar 1948 wegen Unterschlagung inhaftiert und im Oktober 1951 zur Zwangsbehandlung in eine psychiatrische Klinik eingewiesen.

hohe Toranlage aus Eisenblech quer über die Straße.

Ab 1958 wurde der gesamte Fabrikkomplex in mehreren Etappen instand gesetzt, umgebaut und erweitert. In dem zweistöckigen Industriebau mit Innenhof an der Große-Leege-Straße richtete die Hauptabteilung Verwaltung und Wirtschaft eine Druckerei ein, die 1974 von der VRD übernommen wurde. Sie fungierte als Abteilung IV der Versorgungsdienste (VD) und hatte zuletzt 35 Mitarbeiter. Die Druckerei-Abteilung gliederte sich in drei Referate und wurde von Oberstleutnant Eberhard Holstein geleitet. Im Buch- oder Offsetdruckverfahren wurden hier für den Staatssicherheitsdienst Drucksachen und Broschüren, Ausweispapiere, Urkunden, Umschläge sowie Formulare und Briefbögen hergestellt. Die Druckerei war mit modernen Maschinen ausgerüstet und konnte sowohl kleine als auch große Auflagen produzieren. Angegliedert waren eine Buchbinderei und eine Vervielfältigungsstelle.

Andere Teile der alten Fabrik bezog der Bereich Spezialbauwesen der 1961 geschaffenen »Arbeitsgruppe des Ministers« (AGM/B). Die für die Einrichtung und Wartung von Schutzbauten verantwortliche Diensteinheit übernahm nicht nur den Flachbau neben der Druckerei und den Anbau am nördlichen Giebel der Kfz-

Lagerhalle der Verwaltung Rückwärtige Dienste (1974)

Halle, sondern auch das Gebäude der 1910 errichteten ehemaligen Schmiede in der Große-Leege-Straße 96a.

In der Eisenfachwerkhalle, bei der das MfS aus Kostengründen nur die notwendigsten Maßnahmen zur Sicherung der Bausubstanz durchführte, brachte die Hauptabteilung Verwaltung und Wirtschaft erneut ein Material- und Ersatzteillager für die Autoreparatur unter. Ab 1974 übernahm der Bereich Kfz-Dienste die Anlage. Vor der Druckerei und dem Ersatzteillager an der Ecke Freienwalder Straße 19/Große-Leege-Straße 95 befand sich eine weitere Lagerfläche, auf der 1985 ein Parkplatz für MfS-Mitarbeiter entstand.

Die Halle, die unmittelbar hinter dem Verwaltungsbau der »Heike-Firma« lag, wurde vom MfS vollkommen umgebaut. Auf zwei Etagen entstanden Lager- und Büroräume, in die das Zentralarchiv des MfS mit seinen kilometerlangen Aktenregalen und Millionen personenbezogener Karteikarten zog. Als die Abteilung 1984 ihren Sitz in die Normannenstraße in Berlin-Lichtenberg verlegte, wurden die Räumlichkeiten erneut umgebaut.

Zwischen 1985 und 1987 kamen hier die Zentrale Waffenwerkstatt und die Radiologische Werkstatt des Staatssicherheitsdienstes unter. Außerdem zogen Teile des für Waffen- und Munitionstechnik zuständigen Referats Sonderaufgaben der Abteilung BCD ein. Als der DDR-Staatssicherheitsdienst 1990 aufgelöst wurde, übernahm das Fahrzeug- und Jagdwaffenwerk Suhl die Abwicklung dieses Bereichs.

In den neunziger Jahren verkaufte die Treuhand das Werksgelände und das Verwaltungsgebäude der ehemaligen »Heike-Fabrik« an die LiDL Dienstleistungs GmbH & Co. KG. In dem Gebäude in der Große-Leege-Straße 96a – ein Neubau, den das MfS in den achtziger Jahren an Stelle des alten Schmiedegebäudes errichtet hatte – eröffnete die Handelskette einen Lebensmitteldiscounter. Die anderen Lagerhäuser und Werkstätten auf dem Grundstück ließ das Unternehmen abreißen. Ebenfalls abgerissen wurde das durch Brandstiftung zerstörte Postenhäuschen in der Freienwalder Straße 19, wo sich früher der zentrale Eingang ins Sperrgebiet befand. Im Sommer 2003 wurde schließlich auch die durch Brandeinwirkung stark beschädigte Ruine der historischen Eisenfachwerkhalle abgetragen, nachdem sie zuvor aus der Berliner Denkmalliste gestrichen worden war. Im selben Jahr ließ LiDL auf einem Teil der Abrissfläche einen neuen Einkaufsmarkt und einen Parkplatz errichten.

NS-Archiv
(Karte: Gebäude 10)

In der Freienwalder Straße 17 fällt ein Gebäude ins Auge, das sich durch seine aufstrebende und verzierte Fassade wohltuend von den Profanbauten des Staatssicherheitsdienstes abhebt. Dabei handelt es sich um die so genannte »Heike-Villa«, die der Unternehmer Richard Heike 1911 zu Wohn- und Verwaltungszwecken errichten ließ. Wie man dem von dem Architekten R. Lots entworfenen vierstöckigen Gebäude noch heute ansieht, hatte es ursprünglich repräsentativen Charakter und war mit einfachen Jugendstilelementen versehen. Im Erdgeschoss beherbergte es Ausstellungsräume für die in- und ausländischen Kunden der Fleischmaschinenfabrik. Im ersten Obergeschoss befanden sich u.a. eine Registratur- und Poststelle, ein kaufmännisches und ein technisches Büro, Arbeitsplätze für Korrespondenten und einen Prokuristen sowie mehrere Räume für den Firmenchef. Im zweiten Obergeschoss gab es ein Archiv sowie Speise- und Konferenzzimmer. Im dritten Stock wohnte schließlich die Familie Heike, und unter dem Dach waren noch eine Waschküche und ein Wäscheboden untergebracht.

Nach der Besetzung des Industriegebiets Hohenschönhausen durch sowjetische Truppen wurde das Gebäude Teil des Sperrgebiets. Über die konkrete Nutzung des Hauses in den ersten Nachkriegsjahren ist nur wenig bekannt. Nach Angaben von Zeitzeugen waren auch hier Untersuchungsführer des MGB tätig.

Nach der Übernahme des Sperrgebiets durch den Staatssicherheitsdienst residierte in der »Heike-Villa« 1951 kurzzeitig die Leitung der Hauptabteilung Personenschutz (PS). Auf dem Dach des Gebäudes wurde damals eine Antenne errichtet. Die Funkbetriebszentrale, die im Obergeschoss untergebracht war, hielt darüber den Kontakt zu den Begleitfahrzeugen der Regierungs- und Parteiführer. Ab Anfang der sechziger Jahre hatte dann die Leitung des Zentralarchivs der Staatssicherheit hier ihren Sitz.

1968 zog eine auch für die politische Entwicklung in Westdeutschland nicht unwichtige Diensteinheit in das Gebäude: das NS-Archiv des MfS. Getarnte Mitarbeiter der KPD hatten bereits unmittelbar nach Kriegsende in Berlin zahlose NS-Akten in Verwahrung genommen, die Anfang der fünfziger Jahre ins MfS überführt wurden. Auch die von der politischen Polizei (K 5) zusammengetragenen NS-Unterlagen sowie viele in die Sowjetunion überführte deutschen Akten landeten nicht in offiziellen Archiven, sondern beim Staatssicherheitsdienst. Die Unterlagen dienten der Überprüfung von Funktionären sowie als Druckmittel bei der Anwerbung von Informanten. Ab 1956 verdrängte das MfS die Polizei auch aus den Ermittlungsverfahren bei NS-Tötungsverbrechen.

In den sechziger Jahren bekamen die Akten aus der Zeit des Nationalsozialismus eine neue Bedeutung, weil die SED sie mit wachsendem Erfolg als Propagandawaffe gegen die Bundesrepublik einzusetzen verstand. In generalstabsmäßig geplanten Kampagnen gegen führende Bonner Politiker wie den Staatssekretär im Bundeskanzleramt Hans Globke oder den Bundespräsidenten Heinrich Lübke wurde Westdeutschland als ein Staat dargestellt, in dem überwiegend alte Nazis an den Schalthebeln der Macht

*NS-Archiv des MfS
(heutiger Zustand, Auf-
nahme von 2002)*

sitzen. Zu diesem Zweck suchte das MfS in aufwändigen Recherchen nach belastenden Dokumenten, ergänzte sie durch Unterlagen aus eigener Fertigung und verbreitete sie auf internationalen Pressekonferenzen, in Broschüren oder über Sympathisanten und Journalisten in der Bundesrepublik. Gegen einige der betreffenden Politiker – Vertriebenenminister Theodor Oberländer und Staatssekretär Hans Globke – inszenierten SED und MfS Anfang der sechziger Jahre auch propagandistische Schauprozesse, bei denen die Angeklagten in Abwesenheit zu hohen Haftstrafen verurteilt wurden.

1963 besaß das MfS NS-Material über mehr als 100 000 Menschen, das in den folgenden Jahren systematisch vervielfacht wurde. Im Mai 1964 beschloss der DDR-Ministerrat, alle bis dahin noch nicht erfassten Unterlagen aus der Zeit der Hitlerdiktatur in einer speziellen »Dokumentationsstelle« zusammenzuziehen. Über 360 Personen durchkämmten monatelang die Archive, um Belastungsmaterial gegen führende Mitglieder der Bundesregierung sowie Spitzenleute der Bundeswehr, der Polizei und der Justiz zu sammeln. Die wichtigsten Unterlagen wurden vom MfS ganz oder vorübergehend eingezogen.

Um die Unterlagen zusammenzuführen, zu ergänzen und auszuwerten, begann das MfS 1965 mit dem Aufbau einer eigenen Diensteinheit. Im Dezember 1967 befahl Erich Mielke die Gründung einer entsprechenden Abteilung, die ihren Sitz in der Freienwalder Straße 17 nehmen sollte. Systematisch sollte sie Unterlagen aus der NS-

Zeit beschaffen und nutzbar machen, »um die in Westdeutschland und [...] Westberlin im Staats-, Wirtschafts- und Militärapparat sowie in Parteien und Organisationen tätigen und durch ihre faschistische Vergangenheit belasteten Personen noch zielgerichteter zu entlarven«. Die von Oberstleutnant Lothar Stolze geleitete Hauptabteilung IX/11 nahm am 1. Februar 1968 offiziell ihre Tätigkeit auf und trug durch die Auswertung immer neuer Aktenbestände ein riesiges NS-Archiv zusammen. Für Außenstehende war es unzugänglich, doch der Staatssicherheitsdienst konnte sich nach Belieben bedienen.

Die Hauptabteilung IX/11 unterstützte auch strafrechtliche Ermittlungen gegen Tötungsverbrechen während der NS-Zeit. Gegen 113 verurteilte »Nazi- und Kriegsverbrecher« führte die Linie IX seit 1960 Ermittlungsverfahren durch. Nach einer entsprechenden Entscheidung der SED-Führung bearbeitete die Abteilung zudem Rechtshilfeanträge aus anderen Ländern und unterstützte die Tätigkeit ausländischer Gedenkstätten wie z.B. das Holocaust Memorial. Ob und wann ein Verfahren eingeleitet oder eine ausländische Einrichtung unterstützt wurde, hing jedoch immer von politischen und geheimdienstlichen Erwägungen ab. Um den westdeutschen Justizbehörden Untätigkeit vorwerfen zu können, gab die DDR zum Beispiel Ermittlungsergebnisse über den Aufenthaltsort von NS-Tätern – etwa des mutmaßlichen Mörders des KPD-Vorsitzenden Ernst Thälmann – nicht weiter. Im Fall einer Ärztin aus Jena, die an Euthanasie-Verbrechen beteiligt gewesen sein soll, verzichtete das MfS auf die Einleitung eines Verfahrens, weil sie in der DDR mittlerweile zur Professorin aufgestiegen und als »Verdiente Ärztin des Volkes« ausgezeichnet worden war.

In den achtziger Jahren fielen dem NS-Archiv in der Freienwalder Straße weitere Aufgabengebiete zu: die Erforschung des kommunistischen Widerstands gegen das NS-Regime und – im Zusammenhang mit der Traditionspflege des MfS – die Analyse der Geheimapparate der KPD und ihrer Zusammenarbeit mit dem sowjetischen Geheimdienst. Bis 1989 hatte die Abteilung, die seit August von Oberstleutnant Dieter Skiba geleitet wurde und rund fünfzig Mitarbeiter umfasste, 9000 laufende Meter Originalakten ausgewertet. Allein ihre Personenkartei umfasste 1,3 Millionen Karten.

Nach der Auflösung des Staatssicherheitsdienstes übernahm am 8. Februar 1990 zunächst das zentrale DDR-Staatsarchiv das NS-Archiv und die dazugehörige Fachbibliothek mit ihren 7000 Titeln. In der Freienwalder Straße 17 – zu MfS-Zeiten Haus 3 – wurde eine Außenstelle mit zwölf Magazinräumen, 36 Arbeitszimmern sowie diversen archivtechnischen Einrichtungen eingerichtet. Mit Wirkung vom 3. Oktober 1990 ging das NS-Archiv gemäß Artikel 13 des Einigungsvertrages in die Kompetenz des Bundesarchivs über und kam zur Abteilung Potsdam, Außenstelle Berlin. Das Bundesarchiv verlegte den Aktenbestand bis Mai 1992 aus der Freienwalder Straße in ein Zwischenarchiv in Berlin-Hoppegarten. Die »Heike-Villa« wurde vorübergehend zu einem Asylantenwohnheim für Bürgerkriegsflüchtlinge aus Bosnien umfunktioniert. In der ersten Hälfte der neunziger Jahre wurde das Gebäude in die Berliner Denkmalliste aufgenommen, seit mehreren Jahren steht es leer und verfällt.

Labors und Werkstätten
(Karte: Gebäude 14)

Gegenüber der »Heike-Villa« – in der Freienwalder Straße 12, wo noch heute ein Wachhäuschen und eine Schranke zu sehen sind – befand sich früher der zentrale Eingang zum weitläufigen Gelände des Operativ-Technischen Sektors (OTS). Zu dem Komplex gehörten noch weitere Gebäude in der Genslerstraße 13–14 und in der Werneuchener Straße 19a. Ein Teil der Häuser (Genslerstraße 13, Freienwalder Straße 12a) wur-

de bereits 1945 in das Sperrgebiet integriert und vom sowjetischen Staatssicherheitsdienst vorwiegend als Lager und Garagen genutzt.

Nach 1951 war auf dem Gelände u.a. die zentrale Registrier- und Archivabteilung des MfS untergebracht. In dem Verwaltungsbau (Haus 6) sowie im heute nicht mehr erhaltenen Produktions- und Werkstatttrakt der ehemaligen Spiegelfabrik in der Freienwalder Straße 12a betrieb der Staatssicherheitsdienst zudem ab etwa Ende 1952 ein kleines Haftarbeitslager. Das Geheimobjekt trug den Decknamen »Planstelle S« und wurde von Häftlingen auch als Sonderlager X bezeichnet.

Die Planstelle war für die »Verwanzung« von Telefonen und Wohnungen und für das

Karte des Sonderlagers X mit dem Fluchtweg zweier im Juli 1954 entflohener Häftlinge (1954)

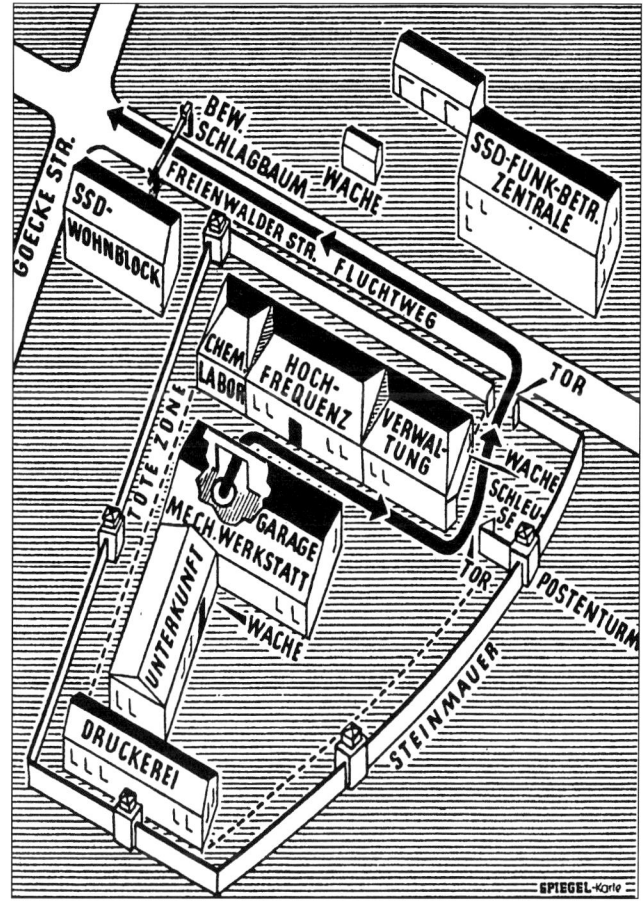

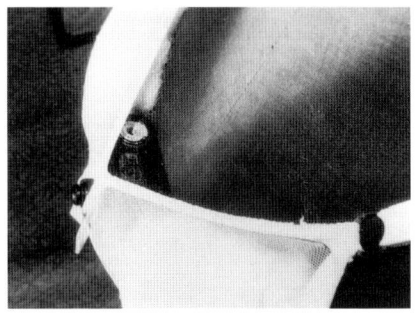

Abhören von Gesprächen verantwortlich. Rund 75 Strafgefangene aus Zuchthäusern der DDR – Wissenschaftler, Ingenieure und Fernmeldetechniker – mussten in dem Lager diverse Geheimdienstutensilien entwickeln und herstellen. Dazu zählten z.B. spezielle Tonbandgeräte, Abhörvorrichtungen, als Streichholzschachteln getarnte Schlüsselabdrucksets, Minikameras in Feuerzeugen, Mechanismen zum schnellen Wechseln von Nummernschildern an Fahrzeugen oder Vorrichtungen zum unauffälligen Öffnen von Briefen. In dem Lager gab es eine Reihe modern ausgestatteter Spezialwerkstätten für die Bereiche Feinmechanik

und Optik, Funk- und Elektrotechnik, Druck und Fahrzeugtechnik. Außerdem existierten ein Maschinensaal, eine Werkzeugmacherei sowie verschiedene Versuchsräume. Die Verwaltung des Lagers war wie der Hochfrequenzbereich und das Chemielabor im Bürogebäude der ehemaligen Spiegelfabrik untergebracht. Für die Häftlinge gab es Unterkunftsräume und eine eigene Küche. Das ganze Areal wurde mit einer hohen Mauer, Wachtürmen und einem massiven Eisentor gesichert.

Das Lager gehörte zunächst zur Struktur der Abteilung und späteren Hauptabteilung S (Operative Technik), die von Major Rudolf Weber befehligt wurde. Nach der Umstrukturierung des Bereichs Operative Technik und der Auflösung der Hauptabteilung übernahm ab 1955 die von Oberstleutnant Herbert Pörs geleitete Abteilung K (Entwicklung operativ-technischer Mittel) die Verwaltung. Das Sonderlager X wurde 1956 geschlossen – wahrscheinlich weil es enttarnt worden war und in der Westpresse mehrere enthüllende Artikel erschienen waren.

Gefälschte Autonummern

Ich gab an, dass ich im Auftrag der Abt. S. im Werk Rundfunktechnik in Oberschöneweide Peilrahmen zum Bau von Peileinrichtungen bestellen musste und diese Teile dort hergestellt werden. Ich verriet weiterhin, dass durch die Abt. S zur Durchführung dienstlicher Maßnahmen westberliner Autonummern hergestellt wurden und gab an, dass die Abt. im Besitz einer Fotografie von einem Originalstempel des westberliner Polizeipräsidenten ist, die von einer westberliner Autonummer gemacht wurde. Nach dieser Fotografie wurden Stempel angefertigt und die benötigten westberliner Autonummern hergestellt.
Ich verriet weiter, dass in der Werkstatt der

Abt. S Lastkraftwagen gebaut werden, die in der Form dem Gefangenentransportwagen ähnlich sind. In diesem Wagen werden Peilgeräte eingebaut, um irgendwelche Sendegeräte zu ermitteln. Zur Tarnung werden diese Fahrzeuge als Transportfahrzeuge der HO oder privater Landbrotbäckereien durch Anstrich gekennzeichnet. Die Karosserien und Motore für diese Fahrzeuge bezieht die Abt. S. von dem Betrieb »Phänomen« aus Sachsen.

Aus einem Geständnis von Johannes Schmidt während seiner MfS-Untersuchungshaft 1955. Der ehemalige Mitarbeiter des Staatssicherheitsdienstes hatte in West-Berlin über seine Tätigkeit in der Hauptabteilung S berichtet.
Quelle: BStU, MfS GH 187/79, Bd. 1, Bl. 13.

Über die Arbeit des 1960 gebildeten Operativ-Technischen Sektors ist bislang wenig bekannt. Was wann in welchem Gebäude stattfand, ist den bisher erschlossenen Unterlagen nur selten zu entnehmen. Lediglich über die Bautätigkeit des OTS im Sperrgebiet Hohenschönhausen liegen bruchstückhafte Informationen vor.

Die Leitung des OTS residierte wahrscheinlich in dem siebenstöckigen Plattenbau in der Genslerstraße 13. Ursprünglich stand hier das Fabrikgebäude der Firma für Drahtgeflechte Josef Berthoty, das ab Sommer 1945 zum sowjetischen Haftarbeitslager gehörte. In den sechziger Jahren stellte hier die Hauptabteilung IX die beschlagnahmten Fahrzeuge verhafteter Personen unter. Nach dem Abriss des Gebäudes entstand 1972/73 der siebenstöckige, grün gestrichene Plattenbau mit 260 Arbeitsplätzen. In dem Gebäude, das für seinen »hohen technischen Ausrüstungsgrad« gerühmt wurde, waren außerdem eine Außenstelle des Zentralen Medizinischen Dienstes und deren Hygieneinspektion untergebracht. Die Außenstelle wurde von einem Abteilungsarzt geleitet und verfügte auch über eine physiotherapeutische Einrichtung.

Der Ausbau des Überwachungsstaates in der DDR schlug sich auch in einer Ausweitung des OTS-Komplexes in Hohenschönhausen nieder: 1980 errichtete die Abteilung Bauwesen des Staatssicherheitsdienstes in der Werneuchener Straße 19a eine 74 Meter lange und 24 Meter breite Lagerhalle. 1985/86 kamen drei weitere Funktionsgebäude hinzu. Hinter dem Plattenbau in der Genslerstraße 13 entstand ein quadratischer Viergeschosser mit Produktions- und Büroräumen (Haus 22), der durch einen ebenerdigen Gang mit dem vorderen Gebäude verbunden wurde. Ein senkrecht zur Straße ausgerichteter Flachbau in der Genslerstraße 14 soll Garagen und Aufenthaltsräume der OTS-eigenen Fahrbereitschaft beherbergt haben. Die dahinter liegende Halle (ursprünglich Haus 26) diente dem OTS gleichfalls als Lager.

Produktions- und Bürohaus des Operativ-Technischen Sektors in der Genslerstraße (heutiger Zustand, Aufnahme von 2002)

Die Bautätigkeit überdauerte sogar das Ende des Staatssicherheitsdienstes: Am Standort der ehemaligen Spiegelfabrik in der Freienwalder Straße 12a (Haus 12 und 14) wurde 1989 mit dem Bau zweier Labor- und Bürogebäude mit Wasseraufbereitungsanlage begonnen, die erst ein Jahr später fertig wurden – das MfS und seine Nachfolgeorganisation waren inzwischen aufgelöst.

Im Januar 1990 übernahm der »VEB Ingenieurbetrieb für wissenschaftlichen Gerätebau« den OTS-Komplex im ehemaligen Sperrgebiet. Der Betrieb, der sich bald darauf in WIGEBA GmbH umbenannte, unterstand dem Ministerium für Wissenschaft und Technik der DDR. Zu seinen Beschäftigten zählten Hunderte ehemaliger MfS-Angehöriger, die bis dahin Spionage-, Abhör- und Sicherungstechnik entwickelt hatten. Nach der Wiedervereinigung stellte die WIGEBA ihre Tätigkeit ein. Inzwischen sind auf dem ehemaligen OTS-Gelände der Unternehmerverband Berlin e.V., eine Berufsfachschule für Kosmetik, Ingenieurbüros, kleine Industriefirmen sowie einige Arztpraxen und Geschäfte ansässig.

Kriminaltechnisches Institut
(Karte: Gebäude 14)

Schräg gegenüber des ehemaligen Gefängnistors in der Genslerstraße befindet sich ein ausgedehnter zweigeteilter Gebäudekomplex. Die eine Hälfte verläuft entlang der Freienwalder, die andere längs zur Genslerstraße. Der Rohbau des Gebäudes wurde

vor. Vermutlich in der ersten Hälfte der siebziger Jahre zog auch die Leitung der Abteilung BCD in den Gebäudeteil an der Freienwalder Straße.

Nach dem Ende der DDR waren in dem Haus vorübergehend das Naturschutz- und Grünflächenamt sowie das Hochbauamt des Stadtbezirks Berlin-Hohenschönhausen angesiedelt. Die Garagen im Erdgeschoss nutzt seit 1998 ein Kfz-Service. Zur gleichen Zeit etablierte sich eine Elektronik-Recyclingfirma in den Parterreräumen des Traktes in der Genslerstraße.

An der Bahnhofstraße

Das Kriminaltechnische Institut in der Genslerstraße, davor die Garagen im Werkstatthof des Gefängnisses (Aufnahme vom November 1990)

1962 von Häftlingen aus dem Arbeitslager X errichtet. Die beiden dreistöckigen Häuser, die durch ein Treppenhaus verbunden sind, entstanden auf einem bis dahin unbebauten Gelände, das der Unternehmer Richard Heike zeitweise als Gartenland genutzt hatte. Am Innenausbau der Büros und Laborräume waren auch Berliner Handwerksbetriebe beteiligt.

1963 bezog die Leitung des Operativ-Technischen Sektors den Gebäudeteil in der Freienwalder Straße 16. Der Sektor war vor allem für die Entwicklung und Herstellung von Überwachungstechnik zuständig. Im selben Jahr belegte das ihm untergeordnete Kriminaltechnische Institut (KTI) den Trakt in der Genslerstraße. Aus dem Institut gingen später die OTS-Abteilungen 32 (Naturwissenschaftliche Expertisen) und 34 (Chemische und fotografische Mittel) her-

Das Straßenschild am Ende der Genslerstraße weist noch heute darauf hin, dass sich unweit des Gefängnisareals früher eine eigene Bahnhofstation befand: der Güterbahnhof Berlin-Hohenschönhausen. Von hier aus gingen in den späten vierziger Jahren Häftlingstransporte in die Straflager der Sowjetunion ab.

In dem rotbraunen Fabrikgebäude in der Bahnhofstraße 7–9 waren damals eine Sanitätsstelle und Übernachtungsmöglichkeiten für Offiziere aus den sowjetischen Speziallagern untergebracht. Der zweistöckige Klinkerbau mit Bürotrakt war 1923 im Auftrag des Unternehmers Richard Heike fertig gestellt und bis zum Frühherbst 1945 von verschiedenen Firmen genutzt worden. Zuletzt arbeitete hier die Udylite Aktiengesellschaft für Rostschutz, die ihre erosionsabweisenden Überzüge vor allem durch Kadmium- und Nickelgalvanisierung herstellte. Dann beschlagnahmte die Abteilung Speziallager das Gebäude und machte es zu einem Teil des sowjetischen Sperrgebiets.

Nach der Übernahme des Areals durch das MfS verzichtete dieses auf die Nutzung des Fabrikgebäudes. Lediglich die weitläufige Hofanlage blieb in der Geheimdienstzone. 1981/82 legte die Verwaltung Rückwärtige Dienste südlich des Klinkerbaus eine Ein- und Ausfahrt für die Abteilung

Abteilung Bewaffnung/ Chemischer Dienst und Kriminaltechnisches Institut (heutiger Zustand, Aufnahme von 2002)

Kfz-Instandsetzung in der Genslerstraße 69–72 an. Am östlichen Hausgiebel wurde außerdem ein neuer Postenturm aufgestellt und ein Parkplatz errichtet. Im Fabrikgebäude selbst unterhielt der Bereich Sportartikel des »Sozialistischen Großhandelsbetriebes Sportartikel und Kulturwaren Berlin«, der in der Freienwalder Straße 28 seinen Sitz hatte, ein Warenlager.

1995 wurde der Klinkerbau in die Berliner Denkmalliste aufgenommen. In der zweiten Hälfte der neunziger Jahre funktionierte ihn die Car Service Berlin GmbH vorübergehend zu einer Verkaufshalle für Gebraucht- und Nutzfahrzeuge um.

Sitz der Fahrbereitschaft

In der Schöneicher Straße 8–10 betrieb der Fabrik- und Immobilienbesitzer Ludwig Winterberg in den zwanziger Jahren ein Emaillier- und Stanzwerk. Nachdem sich dieses nicht mehr als wirtschaftlich erwies, schloss er die Produktionsstätte und ließ ab 1935 in den entsprechenden Gebäuden Kleinwohnungen und Gewerberäume einrichten.

Auf dem Hofgelände entstand ein Garagenkomplex, der aus etwa fünfzig Einzelboxen für Personenkraftwagen und Lieferwagen sowie einer Tankstelle mit einer Shell-Doppelsäule bestand. Rund zwanzig Garagen überstanden den Krieg.

Zwischen Februar und August 1947 beschlagnahmte der sowjetische Geheimdienst die Grundstücke in der Schöneicher Straße 8–10 in mehreren Etappen. Neben den Wohnungsmietern mussten u.a. die Parfümerie Alte & Co., ein Sportartikelhersteller, ein Autoreparaturbetrieb und eine Kohlenanzünderfabrik die Gebäude räumen.

Nach der Übergabe des Sperrgebiets an den Staatssicherheitsdienst befand sich in dem Garagenkomplex die Fahrdienstleitung der Hauptabteilung Personenschutz. Zu ihr gehörten eine ständige Fahrbereitschaft sowie die Hauptfahrzeuge der Regierung vom Typ BMW, Skoda, Tatra und SiS. Klei-

nere Gebäudeteile in der Schöneicher Straße 8–10 trat das MfS 1958 an die benachbarte Verkaufsstelle der Konsumgenossenschaft Weißensee ab. Etwa Ende der fünfziger, Anfang der sechziger Jahre gab der Staatssicherheitsdienst das gesamte Areal auf. Auf dem Gelände etablierte sich ein volkseigener Taxibetrieb.

In der ersten Hälfte der neunziger Jahre endete die gewerbliche Tätigkeit auf dem Grundstück. Zu dem vorgesehenen Abriss des Garagenkomplexes kam es wegen der Insolvenz eines Bauunternehmens bis zur Fertigstellung dieser Publikation nicht.

Das in den zwanziger Jahren errichtete und von 1931 bis 1935 durch den Architekten Erich Gerlach umgestaltete Bürogebäude in der Schöneicher Straße 9–10 ist seit dem 4. April 1996 als Einzeldenkmal in der Berliner Denkmalliste verzeichnet.

Blick auf das Sportgerätelager in der Bahnhofstraße, bis 1945 Sitz der AG für Rostschutz. Im Vordergrund Einfahrt zum Bereich Kfz-Dienste (März 1988)

Dienstobjekt der Hauptabteilung Personenschutz in der Schöneicher Straße (heutiger Zustand, Aufnahme von 2002)

Wachkommando
(Karte: Gebäude 13)

Der rote Backsteinbau in der Freienwalder Straße 16, der vom ehemaligen Kriminaltechnischen Institut des MfS und einer in den sechziger Jahren errichteten Notstromanlage eingefasst ist, wurde 1915/16 nach einem Entwurf des Berliner Architekten Richard Opitz als Lagerhaus errichtet. Später vermietete ihn der Eigentümer Richard Heike an verschiedene Industrieunternehmen, zuletzt an die »Deutsche Syrolith-Fabrik Arno Breitkopf«, die Kunsthorn und -garn herstellte.

Im Juli 1945 besetzten sowjetische Truppen für kurze Zeit das Gebäude und demontierten teilweise die darin befindlichen Maschinen und Anlagen. Auf Befehl des Arbeitslagerkommandanten musste die Firma dann im März 1946 ihren Produktionsstandort innerhalb von drei Tagen räumen. Das sowjetische Staatssicherheitsministerium richtete in dem Fabrikgebäude eine Kommandantur ein. Dabei handelte es sich offensichtlich um eine Kommandozentrale, die für das gesamte Sperrgebiet Hohenschönhausen, eventuell auch für das am Ober- und Orankesee verantwortlich war.

Nach der Übernahme durch den Staatssicherheitsdienst der DDR logierte in den fünfziger Jahren zunächst eine zur Hauptabteilung Personenschutz gehörende Wachabteilung in der Freienwalder Straße 16. Anfang der siebziger Jahre bezog dann die Abteilung Bewaffnung/Chemischer Dienst Räume im vorderen Gebäudetrakt. Etwa zeitgleich verlegte das Hohenschönhausener Sonderkommando des Wachregiments seine Aufenthalts- und Diensträume in den hinteren Teil des Hauses. Aufgrund der Erweiterung der Druckerei hatte es die alten Räumlichkeiten im zweiten Stock des Industriebaus in der Große-Leege-Straße 95–96 und in einem Vorbau der großen Fabrikhalle in der Freienwalder Straße räumen müssen.

Abteilung Nachrichten (heutiger Zustand, Aufnahme von 2002)

Telefonzentrale
(Karte: Gebäude 12)

An der Einmündung der Freienwalder Straße in die Genslerstraße, direkt gegenüber dem ehemaligen Gefängnistor, befindet sich auf einem Eckgrundstück ein auffälliges, mit Blech eingeschlagenes Gebäude, das nur in der oberen Etage über einige Fenster verfügt.

Das Gelände wurde bis zum Frühjahr 1946 von der Kohlenscheidungs-GmbH, die während des Zweiten Weltkriegs im Auftrag der Wehrmacht Experimente mit Kohlenstaub durchführte, als Lagerplatz genutzt. Anschließend war es Teil des sowjetischen Haftarbeitslagers. In den fünfziger Jahren entstand auf dem Areal ein Baumaterial- und Kohlelager. Dabei fanden auch die ehemalige Ladestation und der Betriebsanschluss der einstigen Industriebahn Verwendung. Zumindest bis 1964/65 gab es außerdem eine Stallanlage mit ca. zehn Schweinen, die mit Essensresten aus den Küchen im Sperrgebiet gefüttert wurden.

1975 errichtete dann das MfS den zweistöckigen Hallenbau, der von der Abteilung Nachrichten genutzt wurde. Die Unterabteilung 4, zuständig für die Nachrichtennetze des Staatssicherheitsdienstes, betrieb hier vermutlich eine Telefonschaltzentrale für die MfS-Einheiten im Stadtbezirk Hohenschönhausen. Intern firmierte das Objekt als »GWN-Zentrale«. Zur ursprünglich in den neunziger Jahren geplanten Weiternutzung der Anlage durch das Innenministerium ist es nicht gekommen.

Rechenzentrum
(Karte: Gebäude 15)

*Computerzentrum
der Hauptverwaltung A
(heutiger Zustand, Auf-
nahme von 2002)*

Das würfelförmige Gebäude in der Genslerstraße 15 mit der Aufschrift »Allbüro« beherbergte zu DDR-Zeiten ein elektronisches Rechenzentrum des Staatssicherheitsdienstes.

Ursprünglich bewirtschaftete das Grundstück eine Firma, die Straßenbaumaschinen herstellte, die Reiser Kommanditgesellschaft. Sie wurde 1972 verstaatlicht und als Betriebsteil in den VEB Straßeninstandsetzung integriert. Ende der siebziger Jahre erwarb das MfS dann das Gelände und ließ dort den zweistöckigen Bau errichten.

Das intern als »Objekt A« bezeichnete Gebäude war mit spezieller Technik ausgerüstet. Zur Sonderausstattung gehörten Kreiselpumpen, Kleinkühltürme und diverse Klimageräte einschließlich Dampfbefeuchter. Außer durch spezielle Sicherheitszonen im Innern war die gesamte Anlage durch eine etwa zwei Meter hohe Mauer geschützt.

Im Juli 1980 bezog das zentrale Rechenzentrum des MfS den Neubau. Die als Abteilung XIII firmierende Diensteinheit war für alle Fragen der elektronischen Datenverarbeitung zuständig. Ihr unterstand nicht nur das eigentliche Rechenzentrum, sondern sie entwickelte auch Softwareprojekte für andere Abteilungen und beschaffte dem MfS die nötige Computertechnik. Dienstrechtlich war die Abteilung, die seit 1976 von Oberst Gunnar Hartling geleitet wurde, der Zentralen Auswertungs- und Informationsgruppe (ZAIG) unterstellt. 1983/84 zogen die Computerfachleute vermutlich von Hohenschönhausen an den Hauptsitz der 449 Mitarbeiter umfassenden Abteilung in der Wuhlheide im Berliner Bezirk Köpenick.

Das »Objekt A« in der Genslerstraße 15 übernahm nun der Spionageapparat der Hauptverwaltung Aufklärung (HV A), der es für ähnliche Zwecke nutzte. In das Gebäude zog die Arbeitsgruppe Elektronische Datenverarbeitung (AG EDV), die 1988 zur HVA-Abteilung XX aufgewertet und zuletzt von Oberst Peter Feuchtenberger geleitet wurde. Das Rechenzentrum in Hohenschönhausen unterstand dem stellvertretenden Leiter der Diensteinheit, Major Michael Arndt.

Die Arbeitsgruppe beschäftigte sich mit dem Einsatz von Datenverarbeitungsanlagen und Kommunikationstechnik für Zwecke der Auslandsaufklärung. Dazu gehörten auch das Eindringen in fremde Netze und Datenbanken sowie andere Formen der Computerspionage. Ende der sechziger Jahre begann die Arbeitsgruppe die bis dahin auf Karteikarten fixierten Informationen in elektronischen Datenbanken zu speichern und für computergestützte Recherchen aufzubereiten. In dem Gebäude wurde zum Beispiel das viel diskutierte Speichersystem SIRA (System zur Informationsrecherche der Hauptverwaltung A des MfS) entwickelt, aus dem sich ablesen lässt, welcher Agent wann welche Berichte geliefert hat. Das System, das aus mehreren Teildatenbanken bestand, diente der HV A als Recherchehilfe, aber auch zur Einschätzung ihrer Quellen und für statistische Zwecke. Im Gegensatz zu den meisten Unterlagen der HV A entgingen die Datenbänder 1990 der von der DDR-Regierung angeordneten Vernichtung. Jahre später wurden sie von einem Mitarbeiter der Bundesbeauftragten für die Stasi-Unterlagen entschlüsselt, sie stellen heute ein wichtiges Hilfsmittel für die Erforschung der Westarbeit des Staatssicherheitsdienstes dar.

1990 wurde das Gebäude zunächst vom DDR-Computerkombinat Robotron und später kurze Zeit von der Firma »Allbüro« genutzt.

»Fresswürfel«
(Karte: Gebäude 16)

Für das leibliche Wohl der MfS-Mitarbeiter im Sperrgebiet sorgte eine Großkantine in der Genslerstraße 17. Vor der Vereinnahmung durch die Staatssicherheit Ende der siebziger Jahre hatten verschiedene Bauunternehmen das Gelände als Lagerplatz genutzt.

Die zweigeschossige »Verpflegungseinrichtung« hatte eine Grundfläche von 64 mal 41 Metern und wurde am 19. Januar 1981 eröffnet. Sie unterstand dem Bereich Versorgungsdienste in der Verwaltung Rückwärtige Dienste und wurde von Oberleutnant Heinz Danz geleitet. Aufgrund der oft untypischen Arbeitszeiten beim MfS – z.B. wegen nächtlicher Vernehmungen – hatte die Kantine wochentags von sechs Uhr morgens bis ein Uhr nachts geöffnet. Für die Mitarbeiter des Sperrgebiets standen über 400 Sitzplätze zur Verfügung. Im »Leiterspeisesaal« und zu besonderen Anlässen – z.B. bei Arbeitsessen mit Abgesandten der Bruderdienste – bedienten Zeitsoldaten die anwesenden Geheimdienstoffiziere.

1990 wurde die Großkantine geschlossen. Nur kurzzeitig zogen in der ersten Hälfte der neunziger Jahre verschiedene Firmen ein. Seit deren Auszug steht das Gebäude leer.

Kantine (heutiger Zustand, Aufnahme von 2002)

Das »Städtchen«

Im Umfeld der Kreuzung Freienwalder/ Große-Leege-Straße befanden sich zu DDR-Zeiten mehrere Wohnhäuser für das Personal des Staatssicherheitsdienstes. Vor der Haupteinfahrt zum Sperrgebiet gelegen, gehörten die Gebäude kurze Zeit auch zur Geheimdienstzone.

Das 1910 errichtete vieretagige Miets-haus in der Freienwalder Straße 20 mussten die 13 Mietparteien am 27. März 1947 auf Veranlassung der sowjetischen Kommandantur in Weißensee räumen. Es dürfte kein Zufall gewesen sein, dass die Eigentümerin Emma Sindram am selben Tag verstarb.

Vier Tage vor diesem Ereignis hatten sowjetische Soldaten – zunächst ohne sichtbaren Grund – schon die gegenüberliegende Freifläche zwischen Freienwalder Straße 6–8, Große-Leege-Straße 21–25 und Wriezener Straße 10–11 konfisziert. Lediglich das Grundstück in der Freienwalder Straße 6–7 war damals bebaut. Allerdings war die hier befindliche 14. Volksschule durch einen Bombenvolltreffer am 20./21. Januar 1944 völlig zerstört worden. Wie sich im Frühsommer herausstellte, bauten die Soldaten auf der okkupierten Fläche Gemüse und Kartoffeln an.

Am 23. Oktober 1948 wurden fünf Aufgänge des »Gertruden-Hofes« – eines vierstöckigen Wohnkomplexes der Gemeinnützigen Baugenossenschaft Steglitz in der Große-Leege-Straße 17–17a/Schöneicher Straße 11–11b – in das Sperrgebiet einbezogen. 35 Mietparteien mussten damals ihre Wohnungen verlassen. Etwa zur gleichen Zeit riegelten die sowjetischen Besatzer die Große-Leege-Straße auf der Höhe Wriezener Straße und vor dem Eingang zur Spirituosenfabrik Kahlbaum (Nr. 97–98) ab. Zudem wurde die Schöneicher Straße bei den Grundstücksnummern 8 und 11 gesperrt. Durchgang und Durchfahrt für deutsche Zivilisten waren von nun an verboten.

1951 übernahm das MfS die Wohnobjekte im Sperrgebiet. In dem Komplex Große-Leege-Straße 17–17a/Schöneicher Straße 11–11b wurden z.B. die »Personenschützer« mit ihren Familien untergebracht. Im Zusammenhang mit dem stetig wachsenden Personalbedarf beschloss die Leitung des noch im Aufbau begriffenen Staatssicherheitsdienstes in den fünfziger Jahren, weitere Unterbringungsmöglichkeiten für Mitarbeiter zu schaffen.

Der ehemalige »russische Kohlacker« in der Freienwalder Straße 6a–8/Große-Leege-Straße 21–25/Wriezener Straße 10–11 wurde zum Zentrum eines größeren Wohnungsbauprojekts im Sperrgebiet. Das Gelände befand sich nicht in Privatbesitz, lag brach und brauchte nur vom Schutt der kriegszerstörten Schule befreit werden. Alle anfallenden Arbeiten – angefangen von der Anfertigung der Konstruktionszeichnung bis hin zur Bauausführung – mussten Insassen des Lagers X verrichten. Um Fluchten zu verhindern, war das Baugelände durch einen hohen Bretterzaun und Postentürme gesichert.

1953 wurde zunächst ein Wohnblock für 32 Mietparteien in der Freienwalder Straße 6–8 hochgezogen. Im darauf folgenden Jahr entstanden 48 Wohnungen in der Große-Leege-Straße 21–25. 1955 bauten die Häftlinge des Arbeitslagers zwei weitere Gebäude mit insgesamt vierzig Quartieren in der Freienwalder Straße 6a–c und in der Wriezener Straße 10–11. Ergänzt wurde dieser Komplex von 1955 bis 1957 durch dreißig Wohneinheiten auf dem Ruinenfeld in der Freienwalder Straße 21–23 (das eigentlich zum Grundstück Schöneicher Straße 8–10 gehörte) sowie weiteren achtzig Wohnungen in der Goeckestraße 40–42b. Auf dem Terrain in der Goeckestraße, das ursprünglich dem Reichsluftfahrtfiskus gehört hatte, war bis Kriegsende ein von der Wehrmacht betriebener Sammelplatz für militärisches Beutegut gewesen. Dieser war im April 1945 von der Roten Armee besetzt und etwa Ende

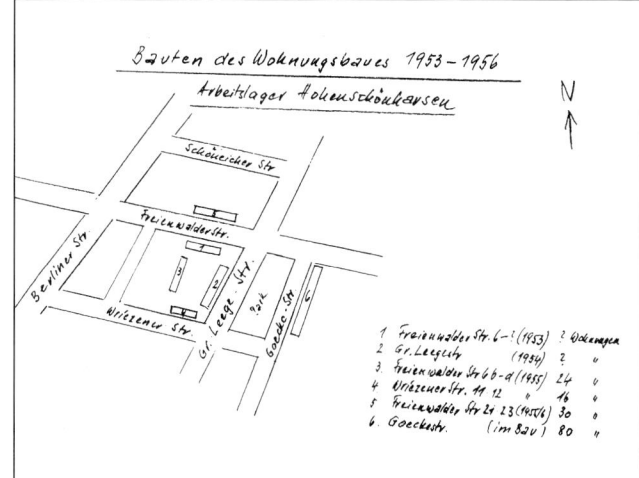

Skizze eines unbekannten Häftlings (1956/57)

des Jahres in die Sperrzone eingegliedert worden.

Zu den ersten Bewohnern des »Städtchens«, wie die Bevölkerung das Wohngebiet des Staatssicherheitsdienstes nannte, gehörte Willi Damm, der ab 1956 als Leiter der Abteilung X für die Zusammenarbeit mit befreundeten Geheimdiensten zuständig war. Auch Walter Renneberger, Fahrbereitschaftsleiter bei der Hauptabteilung Verwaltung und Wirtschaft, wohnte hier.

Mit Befehl Nr. 232/58 des Ministers Mielke vom 30. Juni 1958 entstand in der Hauptabteilung Verwaltung und Wirtschaft eine eigene Wohnungsverwaltung. Ein mit fünf Mitarbeitern besetzter Stützpunkt für Inneninstandsetzung befand sich in der Freienwalder Straße 20. Spätestens zu diesem Zeitpunkt wurden die Wohnblöcke jedoch aus dem Sperrgebiet ausgegliedert. Unabhängig davon hatten sie bis weit in die sechziger Jahre hinein den Status von »geschlossenen Wohnobjekten«.

Anfang 1990 wurden alle Wohnobjekte des Staatssicherheitsdienstes an die Kommunale Wohnungsverwaltung (KWV) übergeben.

Dieser Vorgang signalisierte der Bevölkerung, dass die Allmacht des MfS endgültig gebrochen war und die Auflösung des Sperrgebiets unmittelbar bevorstand.

Anhang

Personenregister

Abkürzungen

AfNS	Amt für Nationale Sicherheit	MGB	Sowjetisches Ministerium für Staatssicherheit	SBZ	Sowjetische Besatzungszone
BCD	Bewaffnung/Chemischer Dienst	MWD	Sowjetisches Ministerium für innere Angelegenheiten	SED	Sozialistische Einheitspartei Deutschlands
BStU	Bundesbeauftragte für die Unterlagen des Staatssicherheitsdienstes der ehemaligen Deutschen Demokratischen Republik	NKGB	Sowjetisches Volkskommissariat für Staatssicherheit	SKK	Sowjetische Kontrollkommission
		NKWD	Sowjetisches Volkskommissariat für innere Angelegenheiten	SMAD	Sowjetische Militäradministration in Deutschland
HAL	Haftarbeitslager	NSV	Nationalsozialistische Volkswohlfahrt	SSR	Sozialistische Sowjetrepublik
HKH	Haftkrankenhaus			UHA	Untersuchungshaftanstalt
HO	Handelsorganisation	OibE	Offizier im besonderen Einsatz	VD	Versorgungsdienst
HV A	Hauptverwaltung Aufklärung	OPK	Operative Personenkontrolle	VEB	Volkseigener Betrieb
IM	Inoffizieller Mitarbeiter	OTS	Operativ-Technischer Sektor	VRD	Verwaltung Rückwärtige Dienste
KRW	Kraftfahrzeugreparaturwerk	OV	Operativvorgang		
LAB	Landesarchiv Berlin	PS	Personenschutz	WR	Wachregiment
MfS	Ministerium für Staatssicherheit			ZMD	Zentraler Medizinischer Dienst

Literatur

Askan, Katrin: Aus dem Schneider. Berlin 2000.

ASTAK e.V. Berlin (Hrsg.): Die Zentrale. Das Hauptquartier des Ministeriums für Staatssicherheit in Berlin-Lichtenberg. Berlin o.J.

Bath, Matthias: 1197 Tage als Fluchthelfer in DDR-Haft. Berlin (West) 1987.

Baumann, Ulrich/Kury, Helmut (Hrsg.): Politisch motivierte Verfolgung: Opfer von SED-Unrecht. Freiburg i.Br. 1998.

Beleites, Johannes: Abteilung XIV: Haftvollzug. MfS-Handbuch, Teil III/9. Herausgegeben von Siegfried Suckut, Ehrhart Neubert, Walter Süß, Roger Engelmann, Bernd Eisenfeld, Jens Giesecke. Berlin 2004

Beleites, Johannes: Schwerin, Demmlerplatz. Die Untersuchungshaftanstalt des Ministeriums für Staatssicherheit in Schwerin. Herausgegeben vom Landesbeauftragten für Mecklenburg-Vorpommern für die Unterlagen des Staatssicherheitsdienstes der ehemaligen DDR in Zusammenarbeit mit der Bundesbeauftragten für die Unterlagen des Staatssicherheitsdienstes der ehemaligen DDR. Schwerin 2001.

Berner, Kurt: Spezialisten hinter Stacheldraht. Ein ostdeutscher Physiker enthüllt die Wahrheit. Berlin 1990.

Bundesinnenministerium der Justiz (Hrsg.): Im Namen des Volkes? Über die Justiz im Staat der SED, 3 Bände. Leipzig 1996.

Crüger, Herbert: Verschwiegene Zeiten. Vom geheimen Apparat der KPD ins Gefängnis der Staatssicherheit. Berlin 1990.

Engelmann, Roger/Vollnhals, Clemens (Hrsg.): Justiz im Dienste der Parteiherrschaft. Rechtspraxis und Staatssicherheit in der DDR. Berlin 2000.

Erler, Peter: Sowjetische Geheimdienststrukturen im Industriegebiet Berlin-Hohenschönhausen (Mai 1945 bis Frühjahr 1951). Zur Vorgeschichte, Entwicklung und Topographie des Sperrgebietes Freienwalder Straße/ Genslerstraße (Beiträge, Quellen und Materialien zur Diktaturgeschichte, Bd. 1/2004). Herausgegeben von der Stiftung Gedenkstätte Berlin-Hohenschönhausen.

Erler, Peter: »Lager X«. Das geheime Haftarbeitslager des MfS in Berlin-Hohenschönhausen (1952–1972). Fakten – Dokumente – Personen, Arbeitspapier des Forschungsverbundes SED-Staat Nr. 25/1997. Berlin 1997.

Erler, Peter/Friedrich, Thomas: Das sowjetische Speziallager Nr. 3 Berlin-Hohenschönhausen (Mai 1945 bis Oktober 1946). Herausgegeben vom Verein »Biographische Forschungen und Sozialgeschichte e.V.« in Zusammenarbeit mit dem Heimatmuseum Berlin-Hohenschönhausen. Berlin 1995.

Erler, Peter/Friedrich, Thomas (Hrsg.): Genslerstraße 66, Heft 1. Berlin 1995

Ernst, Ewald: Ein guter Kampf. Fakten, Daten, Erinnerungen. 1945–1954. Sankt Augustin 1998.

Fichter, Horst: Verflucht sei die Menschenwürde. Erlebnisse aus den Zuchthäusern der ehemaligen DDR. Frankfurt/Main 1996.

Flocken, Jan von/Klonovsky, Michael: Stalins Lager in Deutschland 1945 – 1950. Dokumentation – Zeugenberichte. Berlin/Frankfurt am Main 1991.

Flocken, Jan von/Scholz, Michael F.: Ernst Wollweber. Saboteur – Minister – Unperson. Berlin 1994.

Fricke, Karl Wilhelm: Die DDR-Staatssicherheit. Entwicklung. Strukturen. Aktionsfelder. Köln 1989.

Fricke, Karl Wilhelm/Engelmann, Roger: »Konzentrierte Schläge«. Staatssicherheitsaktionen und politische Prozesse in der DDR 1953–1956. Berlin 1998.

Fricke, Karl Wilhelm: Akten-Einsicht. Rekonstruktion einer politischen Verfolgung. Mit einem Vorwort von Joachim Gauck. Berlin 1995.

Furian, Gilbert: Mehl aus Mielkes Mühlen. Schicksale politisch Verurteilter.
Berichte, Briefe, Dokumente. Berlin
1991.
Gedenkstätte Berlin-Hohenschönhausen
(Hrsg.): Zeitzeugen – Inhaftiert in Ber-
lin-Hohenschönhausen. Erinnerun-
gen, Protokolle und Fotos zur ehema-
ligen Lager- und Haftanstalt Berlin-
Hohenschönhausen. 4. Auflage 1999.
Gerstner, Karl-Heinz: Sachlich, kritisch
und optimistisch. Eine sonntägliche
Lebensbetrachtung. Berlin 1999.
Gieseke, Jens: Wer war wer im Ministe-
rium für Staatssicherheit. Kurzbio-
graphien des MfS-Leitungsperso-
nals 1950 bis 1989 (MfS-Handbuch,
Teil V/4. Hrsg. von Siegfried Suckut,
Ehrhart Neubert, Clemens Vollnhals,
Walter Süß, Roger Engelmann). Berlin
1998.
Gieseke, Jens/Hubert, Doris: Die DDR-
Staatssicherheit. Schild und Schwert
der Partei. Bonn 2000.
Graul, Elisabeth: Die Farce. Ein Stück
Autobiographie. 2. korrigierte Auflage,
Magdeburg 1995.
Haase, Norbert/Müller, Klaus-Dieter
(Hrsg.): Wege nach Bautzen II. Bio-
graphische und autobiographische
Porträts. Dresden 1998.
Huschner, Anke: Hohenschönhausen
(Geschichte der Berliner Verwaltungs-
bezirke. Herausgegeben von Wolfgang
Ribbe, Bd. 15: Hohenschönhausen).
Berlin 1995.

Janka, Walter: Schwierigkeiten mit der
Wahrheit. Berlin/Weimar 1990.
Kießling, Wolfgang: Partner im »Narren-
paradies«. Der Freundeskreis um Noel
Field und Paul Merker. Berlin 1994.
Kießling, Wolfgang: Der Fall Baender. Ein
Politkrimi aus den 50er Jahren der
DDR. Berlin 1991.
Klein, Manfred: Jugend zwischen den
Diktaturen 1945/56. Mainz 1968.
Knabe, Hubertus: Die unterwanderte
Republik. Stasi im Westen. Berlin
1999.
Knabe, Hubertus: Der diskrete Charme
der DDR. Stasi und Westmedien. Ber-
lin 2001.
Kockrow, Wolfgang: »Nicht schuldig!«
Der Versuch einer Aufarbeitung von
5 1/2 Jahren Zuchthaus in der DDR.
Berlin 1999.
Kordon, Klaus: Krokodil im Nacken. Ro-
man. Weinheim, Basel, Berlin 2002.
Kubina, Michael: Von Utopie, Wieder-
stand und Kaltem Krieg. Das unzeitge-
mäße Leben des Berliner Rätekommu-
nisten Alfred Weiland (1906–1978).
Hamburg 2000.
Lang, Jochen von: Erich Mielke. Eine
deutsche Karriere. Unter Mitarbeit
von Claus Sibyll. Berlin 1991.
Mampel, Siegfried: Entführungsfall Dr.
Walter Linse – Menschenraub und
Justizmord als Mittel des Staatsterrors
(Schriftenreihe des Berliner Landesbe-
auftragten für die Stasi-Unterlagen,
Bd. 10). Berlin 1998.

Matz-Donath, Annerose: Die Spur der
roten Sphinx. Deutsche Frauen vor
sowjetischen Militärtribunalen.
Schnellbach 2000.
Otto, Wilfriede: Erich Mielke – Biogra-
phie. Aufstieg und Fall eines Tsche-
kisten. Berlin 2000.
Pritzkow, Walter: Sonderlager Nr. 7 –
Sachsenhausen. Tatsachenbericht
eines Überlebenden aus GPU-Kellern
und Sowjet-KZ vom 25. Juni 1945 bis
6. August 1948. Jever 1994.
Raschka, Johannes: Zwischen Überwa-
chung und Repression – Politische
Verfolgung in der DDR 1971 bis 1989.
Opladen 2001.
Richter, Holger: Die operative Psycholo-
gie des Ministeriums für Staatssicher-
heit der DDR. Frankfurt am Main
2000.
Rieke, Dieter: Geliebtes Leben. Erlebtes
und Ertragenes zwischen den Mahl-
steinen jüngster deutscher Geschichte.
Mit einem Geleitwort von Hans-
Jochen Vogel. Berlin 1999.
Schendzielorz, Gerda: Der Garten der
Einsamkeit. Hameln 1995.
Schulze, Hans-Michael: In den Villen der
Agenten. Die Stasi-Prominenz privat.
Berlin 2003.
Schwan, Heribert: Erich Mielke. Der
Mann der die Stasi war. München
1997.

Abbildungen

Archiv der sozialen Demokratie, Bonn:
S. 93
Bauarchiv Lichtenberg: S. 22, 23, 25,
55, 57
Bundesarchiv Koblenz: S. 35, 71, 72, 80
Bundesbeauftragte für die Stasi-Unter-
lagen: S. 9, 11, 12, 13, 14, 15, 16,
17, 20, 38, 39, 40, 41, 42, 45, 50 o.,

50 u. (Andreas Schmidt), 52, 63 o.,
63 u.li., 64 o., 68, 70, 82, 86, 89 o.
Gedenkstätte Berlin-Hohenschönhausen: S. 8, 10, 33, 34, 43, 47, 53,
58, 74, 75, 78, 79, 84, 87, 88 u., 89
u., 90, 91, 92
Landesarchiv Berlin: S. 19, 36, 44, 46, 59,
60, 61, 62, 63 u.re., 64 u., 66, 88 o.

Spiegel, Der, 25. August 1954: S. 85
Staatliches Archiv der russischen Föde-
ration, Moskau: S. 27
Stern, 1. Oktober 1950: S. 30
VEB Tourist Verlag 1984, Buchplan
Berlin (Maßstab ca. 1:25 000): S. 5